어진 사람은 오래 참고 오래 기다립니다

어진 사람은 오래 참고 오래 기다립니다

김웅락

Orum Edition

〈어진 사람은 오래 참고 오래 기다립니다〉는

네 편으로 구성되었다. 각 편(part)에 제목을 붙였다. 각 제목과 내용은 일치한다고 볼 수 없다. 오래전 쓴 글들을 조각보처럼 엮어놓은 것이기에 한조각 한조각의 의미가 있을 뿐 전체적으로 논리를 갖춘 것이 아니다. 그럼에도 각 편의 제목을 붙인 것은 무엇인가를 지향하고 싶은 마음에서이다. 가족문집의 형식을 띠면서 자녀들에게 또 그 자녀들에게 삶에 대해 생각하게 하고 싶었기 때문이다. 책의 제목과 각 편의 제목(주제)은 성경과 논어에서 인용했다.

책의 제목인 〈어진사람은 오래 참고 오래 기다립니다〉는 성경의 코린토전서 제13장 '사랑'에서 인용했다. 원래는 '사랑은 오래참고 오래기다립니다' 이지만 사랑 대신 어진사람이라고 지칭했다. 어진사람이라는 표현이 훨씬 구체적이고 현실감있게 다가온다고 생각되었다. 사랑과 어질다는 똑 같은 말이 아닐것이다. 다만, 공자가 인(仁)을 사랑(愛)(논어 안연편)이라고 한 것에 근거하여 어진사람이라고 표현했다.

서문

사람이 늙어간다는 것은 기억과의 관계라는 말이 생각납니다. 누구나 늙어가면서 기억력의 감퇴를 경험하고 또한 늙어가면서 그 기억(추억)들을 떠올리며 노년을 보냅니다. 우리는 그 기억을 위해 여러 가지 노력을 하기도 합니다. 그러나 부끄러운 일을 기억하려고 노력하는 경우는 드물 것 같습니다. 사실 부끄러운 일의 기억이야말로 중요하지만 말입니다. 부끄러운 일이란 누군가에게 작게는 불쾌감을 크게는 분노를 느끼게 하는 일일 것입니다. 부끄러운 일을 하고도 어떤 사람은 기억조차 못하고 어떤 사람은 늘 미안해하면서 반성합니다. 그러나 사람들은 다 알고 있답니다. 무엇이 잘못된 것인지, 왜 그렇게 되었는지, 누가 그랬는지를. 때문에 사회생활에서 일어난 부끄러운 일에 대해 어떻게 기억하고 매듭짓는가는 그 사람의 됨됨이를 볼 수 있는 일이기도 할 것입니다.

특별한 경우가 아니면 기억하고 싶지 않은 일은 흐르는 시간과 함께 흐려지고 잊혀 질것입니다. 반면 기억하고 싶은 것에 대해서는 사람들은 많은 노력을 기울이는 것 같습니다. 영상에 담아 기억하거나, 노래를 만들어 기억하고 혹은 그림과 글로써 소중한 순간들을 남기고 기억합니다. 기억을 위해 여러 가지 방법으로 애쓰는 것은 어찌 보면 괴로운 일을 잊기 위한 한 방법일 수도 있을 것입니다. 기억을 위해 노력하는 것은 기쁘고 즐거운 일을 통해 슬픈 일들을 이겨내기 위한 힘으로 삼기 위함 일 수 있을 것입니다. 누구나 삶에서 크고 작은 상처를 경험하고 있듯이 나에게도 그런 애환이 있습니다. 그런 이야기를 나누고 싶은 마음이 드는 것은 아마도 늙어감과 무관치 않을 듯합니다.

이 책 〈어진사람은 오래 참고 오래 기다립니다〉는 평범하게 살아온 나와 내 식구들의 이야기입니다. 누구나 삶에 있어서 경험해 왔듯이 울고 웃는 그저 그런 평범하게 살아온 내 가족들의 이야기입니다. 이야기의 구성은 가족을 이루고 있는 식구들의 어린 시절 부터 혹은 젊은 시절을 거쳐 성인이 되고 오늘에 이르기까지의 생활의 흔적들을 모아 조각보처럼 만들어 놓은 것입니다. 천 조각들은 짜임새가 다양하고 저마다 빛깔을 갖고 있어 이 천 조각들이 이어 붙여졌을 때 세상에 하나 밖에 없는 소박하지만 아름다운 조각보 형태가 됩니다. 〈어진사람은 오래 참고 오래 기다립니다〉가 소박하고 아름다운 조각보처럼 되기를 희망하지만 정말로 그렇게 되리라고 생각하지는 않습니다. 왜냐하면 가족들이 보여주고 있는 조각들이 남들도 공감하고 인정할만한 특히 재미있거나 무슨 가치가 있는 것들이라고 말할 수 없기 때문입니다. 그러나 객관적 가치를 매길 수 없다고 해서 소중하지 않다는 말은 아닙니다. 자녀 들을 키우고 그 자녀들이 성장해 가면서 남긴 물건들 생활의 조각들을 나중에 그들이 가정을 이룰 때쯤(지금은 모두 가정을 이루고 살고 있습니다만) '네가 쓴(만든) 것들이야!' 하면서 놀라게 할 수도 있고 경우에 따라서는 가슴 뭉클한 면도 있을 수 있는 지극히 주관적인 소중함 말입니다. 어쨌든 이 책을 통해서 생활의 지나온 과정을 소중히 여기는 기회를 갖고 지난 시간과 현재를 이어주면서 각자 자신의 모습을 실체적으로 그려보는 기회 또한 될 수 있지 않을까 생각합니다. 그러면서 앞으로의 삶의 시간 역시 소중히 하는 계기가 되었으면 하는 소망을 갖습니다.

그러나 책을 내게 된 직접적인 동기는 따로 있습니다. 이를 밝히는 것은 좀 지루할 수 있고 더구나 이를 밝혀 말하는 것은 나 스스로 부끄럽고 못난이가 되는 것을 감수해야하는 일이기도 합니다. 못난이란 남편이 아내 역성드는 일을 벌린다는 점에서이고 부끄럽다는 것은 가족 간의 아픈 기억들을 건드릴 수밖에 없는 것을 두고 하는 말입니다. 직접적인 동기란 이런 것입니다.

아내는 지난해(2015)에 회갑을 맞았습니다. 지난해는 내가 정년을 맞아 퇴직하는 해이기도 합니다. 내가 정년을 맞을 때 아내는 회갑을 맞게 되는데 동고동락해온 부부로써 이런 기회에 자녀들과 함께하는 무엇이 없을까 하는 중에 이 작업을 시작하게 되었습니다. 그러나 책을 내기로 마음먹은 것은 그 이전의 일입니다. 아내가 힘든 일들을 겪고 또 남편인 나 때문에 감내해야 했던 것들이 평범하기 그지없는 아내에게는 가혹하기까지 한 일들이었습니다. 본래 내성적이고 변변치 못한 성격의 아내는 이런 일들로 실의에 빠지고 자신의 삶을 후회했습니다. 그리고 본래 자신의 모습을 잃어버리고 심하게 폐쇄적으로 되어갔습니다. 여기에는 여러 요인이 작용하는 것이었지만 나의 생각과 행동들 나의 일거수 일투족이 영향을 주었음은 물론입니다. 아내의 말을 따르면 나는 거의 빈틈이 없는 사람입니다. 규범적이며 논리적이고 게다가 솔선수범 형이라는 것입니다. 이런 판단이 모두 정확한 것은 아닐지라도 빈틈이 많은 아내에게 나의 그런 모습들은 숨을 막히게 하는 것들이라는 것을 이해하게 됩니다. 물론 규범적이고 논리적이고 솔선수범 등 그 자체가 숨막히는 요소는 아닐 것입니다. 여러 가지 상황과 조건이 결부되어 그렇게 되었을 것입니다. 내가 앞뒤를 고려하는 용의주도한 사람이라면 아내는 매우 허술한 사람입니다. 세련되지 못하고 서툴다는 것입니다. 그러나 빈틈이 없다는 것이 옳은 것을 말하는 것이 아니듯이 허술함이 꼭 잘못된 것을 말하는 것이 아닐 것입니다. 옳은 것과 무관하다는 면에서 빈틈이 없음과 허술함은 보는 눈의 차이일 것입니다. 단점을 찾고 차이를 구별하기보다 이해가 필요한 것이겠지요. 그러나 현실은 언제나 '그래서 그랬구나' 가 아니라 '왜 그렇게 밖에 안돼' 가 지배하게 됩니다. 현실에 있어서 허술함은 모자람이고 잘못된 것일 뿐입니다.

내가 서 있는 자리란 여러 가지 것들과의 타협의 결과이었고 그 타협의 결과는 늘 한계점에 놓여있는 것이었습니다. 나는 그 한계상황을 넘어서고 싶었습니다. 그래서 조급했고 조급한 만큼 아내를 닦달하고 괴롭혔습니다. 그럴듯한 명분과 이념으로 포장도 했습니다.

아내의 정신은 점점 스러져 갔습니다.

사람은 누구나 자신에게 주인이어야 한다고 말합니다. 나도 물론 그렇게 말합니다. 주체적이고 자존감이 있어야 한다고 말입니다. 주체적·자존감 등은 소중한 존재로서 교육받고 어떤 면에서는 이기심을 조장하는 환경에서 성장해온 지금의 젊은 세대에게는 개인주의나 혹은 이기심처럼 왜곡해서 받아들일지언정 너무나 당연한 말이 될 것입니다. 그러나 변명이 허락된다면 '누구나 자신에게 주인이어야 한다'는 말이 만절에 접어든 세대에게 특히 여자의 삶에 있어서는 그게 그렇게 녹녹치 않다는 것을 공감할 수 있지 않겠느냐고 말하고 싶습니다. 자기 편리고 무책임하다고 하겠지만 그때는 삶의 조건들이 그 이전부터 내내 그래왔지 않느냐고 말입니다. 그래서인지 아내는 '여자의 팔자는 두레박 팔자'라고 말합니다.

이 책 〈어진사람은 오래참고 오래 기다립니다〉의 발간동기와 관련해서 다시금 할 말은 하나의 조각보를 이루고 있는 조각들의 이어맞춤을 통해서 과거의 자신을 기억하고 오늘에 이르는 삶의 여정을 되새겨보면서 아물지 않고 상처로 남아있는 실의와 자괴감에서 벗어나는 계기가 되었으면 좋겠다는 것입니다. 이 책을 통해서 자존감을 다시 찾고 스스로 주인이 되고자 할 때 작은 도움이라도 되기를 희망하는 것입니다. 그래서 지난날의 일들을 이제는 좀 거리를 두고 바라보면서 애석한 일, 슬픈 일, 부끄러운 일들을 늙어감과 함께 하고 그 늙어감 안에 이 모든 것을 용해시키는 여유와 담담함을 유지하고 싶은 소망을 갖게 됩니다.

이 책을 만들면서 많은 생각에 젖어 들 수밖에 없었습니다. 새삼스럽게 기쁘기도 했고 새삼스럽게 그리움과 슬픔에 젖기도 했습니다. 가족의 소중함도, 사랑하는 두 딸과 두 사위에 대한 믿음도, 삶에 있어서 어질다는 것이 얼마나 중요한지도 새삼 깨달은바가 되었습니다. 귀여운 외손들을 떠올리면서 진지하다 못해 굳은 표정이 일상이었던 나의 얼굴이 참 많이 미소 지을 수 있었습니다.

모든 것에 감사드리지 않을 수 없습니다. 예쁘게 가족문집을 만들어 주신 기획출판 오름의 김태웅 대표께 고마움을 전합니다.

2016년 5월

엮은이 김웅락

가족의 형성과 이력

김웅락과 **진형란** 1978년 7월1일 서울 종로구 사직동 위치 수도교회에서 김상근목사님 주례 결혼

김웅락 金雄洛 : 1949년 12월 8일생(己丑年) 부친 김진석(의성 김)님 모친 최계순(화순 최)님 사이 차남(넷째) 대전 퇴미 출생

진형란 陳炯蘭 : 1955년 5월13일생(乙未年) 부친 진병진(여양 진)님 모친 이정금(전주 이)님 사이 장녀 서울 장충동 출생

결혼 당시 김웅락은 현역 해군 중위 진해 해군제2사관학교 교관 복무 중

진형란은 이화여자대학졸업 후 양가의 가족(각각 누이와 고모인데 두 분은 친구사이) 소개 결혼 전역할 때까지 경남 진해 제황산동에서 생활

1979년 4월10일 (己未年) **큰딸 경희** 徑希 출생 서울 영락병원

1981년 4월15일 (辛酉年) **작은 딸 명희** 鳴希 출생 서울 영락병원

1981년 7월말 해군전역하고 대학 강사

1984년 3월 대전대학교 행정학과 교수로 초빙

2015년 2월 28일 정년퇴직

큰딸 경희 : 1986년 대전의 대신초등입학, 용운초등, 내동초등학교, 내동중학교, 서대전여고 졸업

1999년 충남대 식품공학과 입학, 2003년 졸업

2006년 충남대학교 대학원 식품공학전공 석사

2003~2006 생명공학연구소 식물 실험실근무

2010~2012 덕성여자대학교 생물학연구원 실험실근무

작은딸 명희 : 1988년 대전의 용운초등입학, 서부초등, 봉산중학교, 동방여고 졸업

2001년 미국 캘리포니아 주립대(센디에이고) 경제학과 입학

2005년 경제학과 졸업 경제학 학사

2006~2009 Korea Daily(미주 중앙일보사) 재무관리국 근무

2009년 귀국 보스턴컨설턴트(2011)

2012~2016현재 DNV회계팀 근무

2006년 6월24일 토요일 정오 **큰딸 경희** 결혼

(춘천의 춘천베어스관광호텔 이강헌교수의 주례)

큰 사위 김기삼 金起三 : 1973년 3월 20일생 부친 김진성(강릉 김)

님과 모친 민명식(여흥 민)님 사이 장남 경기대학교 대학원 건축학과 졸업 건축학 석사

현 엄앤이건축회사 근무

2007년 8월 11일 (癸亥年 음력6월29일) 오전 7시35분 김경희 김기삼의 큰아들 **남윤** 南潤 출생 (서울차병원)

2009년 2월 4일 (乙丑年 음력1월10일) 오전 2시 45분 김경희 김기삼의 작은아들 **남호** 南澔 출생 (서울차병원)

2016년 **남윤** 서울 성북구 숭례초등학교 3학년 재학

남호 1학년 재학

2012년 12월 15일 토요일 오후 1시 **작은딸 명희** 결혼

(대전 오페라웨딩 김학동교수 주례)

작은 사위 김성우 金城佑 : 1979년 8월 3일생 부친 김종아(연안 김)님과 모친 송영희(문경 송)님 사이 차남으로 태어나 서울대학교 화학공학과 졸업 화학공학사

현 엘지화학 근무

2013년 10월 25일 (음력2013년 己巳年 9월21일) 오후 3시 30분 김명희 김성우의 큰아들 **형준** 炯俊 출생 (서울차병원)

2015년 5월 4일 (음력2015년 辛未年 3월16일) 오전 10시 38분 김명희 김성우의 작은아들 **태영** 泰榮 출생 (서울 차병원)

차례

Part 3 배우고 쓰다

Part 4 억지로 혹은 좋아서 그러나 즐겁게

Part 1

어진 사람은 외롭지 않다

Part 1. 제목 '어진사람은 외롭지 않다'는 논어 리인편의 德不孤 必有鄰(덕불고 필유린)을 해석한 것이다. 제1편은 모두 엮은이의 산문을 실었다.

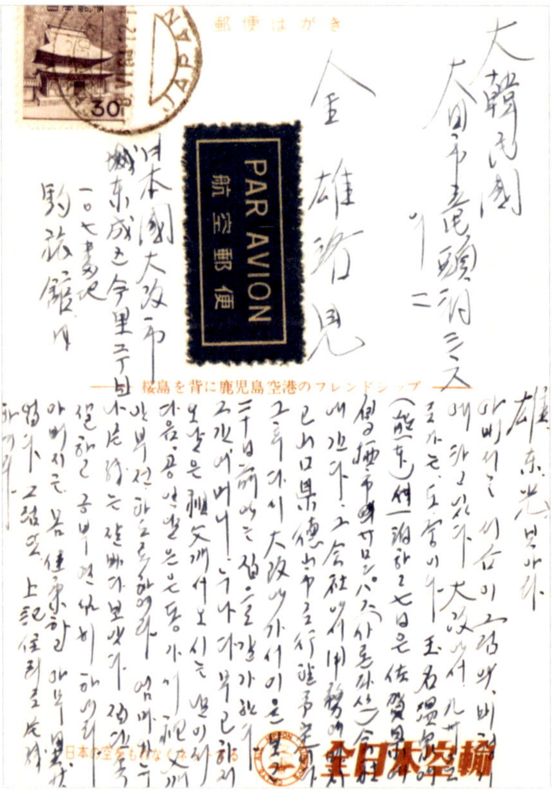

1964년 12월 18일, 아버지가 일본 출장 중 보내오신 엽서.
아버지의 편지는 한 결 같이 네 가지로 되어있다. "나도 잘 있다", "너의 본분을 잊지 마라", "집단속 잘해라", "엄마 잘 보살펴드려라"

뒷모습

김웅락

나의 아내는 누구나 겪을 수 있는 일이지만 누구나 겪고 살지는 않는 일을 두 가지 겪었다. 벌써 19년 전(1997)일이다. 친정동생이 불행하게 세상을 떠난 일이 그 중 하나이다. 신혼여행을 가서 바다에서 수영 중 익사했다. 친정동생인 재규는 내가 결혼할 때 초등학교 5학년이었다. 귀엽고 재능이 있을뿐 아니라 성격도 온유하여 모두가 사랑스러워했다. 큰 언니인 아내와 나를 잘 따랐고 조카인 경희와 명희를 무척 사랑했다. 삼촌이 아니라 오빠같이 여겼고 조카가 아니라 동생같이 대했다. 그가 결혼하겠다고 하면서 한국에 있는 신부를 찾게 되어 자연스럽게 나와 아내가 관심을 갖고 주변에 소개를 부탁했다. 집 가까이 있는 교회의 교인과 알게 되었을 때 그 교인이 자신의 조카를 얘기했고 만나보기로 했다. 그 조카는 일본에서 공부하고 미국에서 살기를 희망했다. 어린 시절부터 외국에서 생활한 점 등 여러 가지 형편과 뜻이 맞아 소개하고 몇 차례의 만남을 갖게 되었다. 기독교적 믿음이 분명한 그쪽 이모와 아내의 소개이기 때문에 하늘의 축복이 가득할 것을 믿어 의심하지 않았다. 그랬기 때문에 그날의 사고를 전해 들었을 때는 도저히 믿기지 않았다. 사고 전화를 받은 시간은 오전시간으로 기억된다. 그날 나와 아내는 집에 있었는데 전화 받던 아내에게서 갑작이 절규하는 듯한 비명소리가 들려 나왔다. "아! 재규야! 재규 불쌍해서 어떻게" 하는 외마디 소리였다. 재규가 죽었구나 하는 생각이 스치면서 나는 갑자기 모든 것이 정지되는 느낌이었다. 철길 옆의 아파트라 소음이 많은 지역인데도 갑자기 정적이 내려앉은 듯 어떤 소리도 어떤 사물의 움직임도 느껴지지 않고 아내의 외마디 소리만 귀에 윙윙거릴 뿐이었다. 아내는 순식간에 비참하리만치 참혹한 상태가 되었다. 나는 무슨 말도 어떤 행동도 할 수 없었다. 아내의 얼굴을 보는 순간 나 역시 꼼짝할 수가 없었다. 세상이 멈춘 듯 했다.

아내와 나는 그 무렵 힘든 시간을 보내고 있었다. 사업하시던 형님이 자금난 때문에 어려움을 겪던 중 내 집을 은행에 저당 잡히게 되었고 급기야 내 집이 경매 처분의 처지에 몰리게 되었다. 조금이라도 손실을 줄이기 위해 집을 팔아 근저당 설정 금액을 갚는 편이 낫겠다는 생각을 했다. 그러나 집값이 얼마 되지 않아 형님의 빚도 나의 빚도 다 갚지 못한체로 막을 내렸다. 이제 집도 절도 없는 처지가 되었는데 이런 일이 하필이면 내가 가족과 함께 연구년으로 미국에 있을 때 벌어졌다. 그때의 심정은 화나고 참담하고 막막했다. 연구년 생활 역시 경제적으로 빡빡했다. 조금의 여유도 없이 빈틈이 보이지 않는 팍팍한 생활이었다. 그런 생활에서 중간에 한국에 다녀올 거라고는 전혀 생각지도 못했다. 간단하게 이런 사정을 학과에 둘러대고 한국에 다녀와야 하는 처지를 가깝게 지내는 한국계 교수에게 말했다. 그러나 그에게 돈 빌려달라는 말까지는 차마 할 수 없어 그때 시카고에 이민 와서 사는 최한수 씨에게 돈을 빌려 한국에 다녀오게 되었다. 최한수 씨에게 이런 사정을 얘기했을 때 난감해하며 묵묵부답하던 그의 목소리와 그 너머로 보이는 표정은 지금도 잊을 수 없다. 크던 작던 돈거래란 이런 것이었다. 그 후 그와의 관계는 단절 되었다.

가족과 함께 귀국 후 가장 큰 문제는 거처할 집이 없는 것이었다. 우선 어머니가 사시는 집에 임시 거처를 정했다. 처음 하는 말이지만 그때 집을 구하기 위해 공주시의 외곽에 소 키우던 집을 보러 갔었다. 싼 집을 찾으니 우사가 있는 집을 보여주는 것이었다. 그러나 우사건 돈사건 가릴 처지가 못 되었지만 무엇보다 문제는 파리 떼와 벌레들이었다. 아무리 생각해도 도저히 이 집은 안 될 것 같아 한숨만 나왔다. 처지만을 고려해 강행한다면 아마 각자 알아서 살겠다는 가족분산이 일어날 것 같았다. 그것도 방법이겠지만 각자 도생하기에는 아직 어린 딸들이었고 아내는 이미 그럴 의지도 의욕도 없는 상태였다. 결국 다른 대안을 생각할 여유도 없었고 그저 소 먼 산 바라보듯 그저 그렇게 있는 수밖에 없었다.

그렇게 지내는 며칠 사이 뜻밖의 도움이 찾아왔다. 미연 엄마는 아내와 가깝게 지내온 같은 아파트에 살던 사람인데 그 미연 엄마가 남편과 상의를 했다며 세를 주었던 아파트를 비우게 하고 일년 동안 살 수 있는 기회를 주었던 것이다. 아이들 신경 쓰지 않게 해야 한다면서 그렇게 하고 당분간만이라도 좀 편히 있으라고 했다. 미연엄마와는 서로의 형편을 잘 알고 지내온 터였다. 그러나 사정을 안다는 것과 호의를 베풀기란 별개의 문제일 텐데. 그의 배려는 평생 잊을 수 없는 것이었다. 고맙게 여기고 이사를 하기로 했다. 그때 큰 딸은 고2이었고 작은 딸은 중3이었다. 딸들은 귀국 후 안정되지 않은 환경에서 아무 말도 못하고 속으로만 생각이 많았을 터이다. 미연엄마는 착하고 선한 여자다. 아내가 미안해하고 어색해 할까봐 전혀 내색도 하지 않고 아무렇지도 않다는 듯 대해 주고 이사하기 전 청소도 자신이 나서서 할 정도로 속이 깊은 사람이다.

청소하면서 발생한 일이었다. 아내는 유난히 화장실 청소에 예민한 편이다. 예민함이란 청결해야함 때문이라기보다 궂은 일을 식구들에게 시키지 않겠다는 이상한(?) 성품 때문이다. 청소할 때 지저분하거나 힘든 일은 남자차지가 보통일 텐데도 내가 화장실청소를 하려고 하면 다른 것 하라고 하면서 자신이 한다. 그 점은 그때나 지금이나 마찬가지다. 그날 거실마루를 청소하고 있던 나는 걸레를 빨기 위해 화장실 문을 열었을 때 그곳 청소를 하는 아내의 숨소리가 예사롭지 않게 들렸다. 너무나 숨소리가 끄고 헉헉대는 것이 이상했다. 급히 나오라고 하면서 보니 세제냄새가 많이 나고 있었다. 아내의 숨소리는 너무나 심각한데 표정은 읽을 수가 없었다. 베란다 앞 창가에 눕히면서 순간 오만가지 생각이 스치고 지나갔다. 아내는 미연엄마의 배려로 이사하게 되면서 생기를 찾는 듯 했다. 그리고 고마운 마음에 자신이 어떻게 되는 줄도 모르고 씩씩대며 청소를 하고 그러다가 이지경이 되었던 것이다. 아내는 무표정한 채 눈만 껌벅이고 있었다. 내가 아내를 잡는구나 하는 생각이 들었다. 온갖 슬픈 감정이 복받쳤다. 아내는 그저 그렇게 떠나가는 것 같았다. 고통스런 표정도 아니면서……. 나는 어찌할 바를 몰랐다. 왜 이런 현상이 생겼는지. 나의 삶은 이렇게 무너져 내리는 것인지. 막막한 가운데 119를 부르겠다는 생각을 하면서 아내에게 말을 걸어봤다. 아내는 조금 나아졌다는 시늉을 하면서 괜찮아 질것 같다는 표현을 했다. 그러나 그런 아내의 말대로 기다려봐야 하는지 혹시 그랬다가 실제로는 더 안좋은 상태로 가는 것은 아닌지 두려운 생각이 들었다. 그러게 망설이고 뜸을 들이는 동안 아내는 회복이 되는 듯 이제 괜찮아졌다는 것이다. 아내는 밀폐된 공간인 화장실에서 독한 세제를 이용해서 낡고 때묻은 곳을 힘주어 닦느라 깊은 호흡을 계속했던 것이다. 미연엄마덕분에 아파트로 이사하게 되면서 아내는 생기를 얻은 듯했고 얼마나 마음 놓이고 좋았으면 숨이 안 쉬어지는 지도 모르고 저랬을까 생각하니 가슴이 멍먹했다. 상태가 안정돼 가면서 나는 아내가 미련 곰탱이 임에 분명하다는 생각을 했다. 아내는 그 흔한 잔머리도 꾀병 부릴 줄도 모른다. 그가 아프다고 할 때는 정말 아픈 것이고 그래서 때로는 무모하고 어리석은 행태를 보이기까지 하는 것이다. 아내는 한

번 믿음을 주면 거의 변화하지 않는다. 마찬가지로 한번 믿음을 벗어나면 돌이키기가 어렵다. 누구나 그렇겠지만 말이다. 이런 기질은 장인어른을 빼 닮은 것 같다. 속마음까지는 모르겠지만 장인어른은 남을 부러워하거나 어떤 추측이나 어떠한 가정도 하지 않는다. 자신의 세계에서 살뿐이다. 답답하기도 하고 부럽기도 한 것이 사실이다.

미연엄마의 배려로 살게 된 아파트에서 새로운 거처를 찾아야 되는 시기가 가까워지면서 모든 것은 다시 제자리로 돌아가는 듯 했다. 아내의 축 처진 어깨며 딸들의 불안정한 모습들을 보면서도 나는 기계적으로 생활을 이어갔다. 내 의지로는 아무것도 할 수 없는 상황에서 모든 생각과 행동이 기계적일 수밖에 없었다. 생각하기도 싫고 무엇을 하는 것도 무의미했다. 아내가 더 비참한 마음이 들지 않게, 딸들이 더 불안정해하지 않게 하는 것이 최선이었다. 미연엄마는 더 배려하지 못하는 것을 미안해하면서 걱정했다. 가깝게 지내서 그런지 그는 우리 가족의 생활을 깊게 이해하고 있었지만 대부분의 사람들은 그렇지 못했을 것이다. 그래도 대학교수이고 봉급도 많이 받을텐데 아마 괜찮은 곳으로 이사를 하겠지 라는 생각을 했을 것이다. 미연엄마가 빌려준 아파트가 사실은 나의 집일 것이라고 생각했을 것 같기도 하다. 현실은 암담했다.

그런 가운데 나의 동생이 사정을 헤아리고 적지 않은 돈을 주었다. 이웃도 그리고 형제도 나를 외면하지 않는 구나하는 큰 위안을 받았다. 이를 기회로 나는 집을 사기로 했다. 앞으로 훌륭한 집에서 사는 것을 기대할 수 없다면 전세로 살면서 이사 다니고 싶지 않았다. 동생이 준 돈과 은행에서 대출 받아 구입한 집이 삼익아파트이다. 1997년의 일이다. 이사한 그해 가을 처남이 죽는 애통한 일을 겪었지만 이곳에서 큰딸과 작은딸이 고교를 졸업했고 모두 대학에 들어가는 삶의 의미와 보람을 느끼게 하는 곳이었고 추억이 깃든 곳이었다. 딸들은 일 년간 미국에서 생활하는 동안 그곳에서 맺은 친구들과의 서신교환을 이어갔고 그러면서 어려움을 잊고 또 그런 가운데 마음속의 불만과 갈등을 이겨내면서 평온을 얻어가던 중이었다. 평온을 얻으며 아내는 교회생활에서도 다시 의욕을 보이는 것 같았다. 동생의 죽음으로 하나님을 원망하고 또 두려워하는 긴 방황의 끝이 아니었나 싶다. 어색하지만 웃음도 조금씩 되찾고 교인과도 어울렸다. 친정동생이 죽은 후 아내의 2, 3년은 사는 것이 사는 것이 아닌 참담한 시간으로 비쳐졌었다. 생활의 즐거움은 커녕 하루 하루가 죽음의 음침한 골짜기를 나다니는 것처럼 비쳐졌다. 내 눈에는 그렇게 보였다. 유일하게 교류하는 사람이 미연엄마와 서울 살면서 울산에 다녀오는 길에 가끔 들르는 친구 후자 아줌마가 전부였다. 그때만 반짝했다. 위로의 말도 잠시뿐이었고 왜 이렇게 정신을 차리지 못하는지 자신도 모르겠다는 것이다. 어디 가서 단 하루라도 해주는 밥 먹고 아무 생각없이 잠자다 오면 원이 없겠다는 말만 되풀이했다. 소극적이고 내성적인 성격 탓만은 아닐 것이다. 내색도 잘 안해서 드러내놓고 말할 수는 없었지만 동생의 죽음을 놓고 심한 죄책감에 빠져들었던 것이 분명했다.

나는 기독교인들이 죄의식을 보편적으로 갖고 있다고 생각한다.

교회에 가면 죄의식부터 심어주기 때문이다. 아내 역시 어린 시절부터 미션스쿨에 다니며 종교적 교리에 치중하는 예배와 성경공부를 하면서 죄의식을 갖게 되었던 것이 아닐까 하는 생각을 했다. (이와 관련해서 이사야 29:13, 마태 15:9 을 참고할 수 있을 것 같다. 나는 이 구절에 대해, 예수님의 삶을 통해 우리가 지향해야할 참된 삶에 대해 말하기보다 죄인으로서의 인간을 규정하는 교리적 가르침에 치중하는 것을 지적하는 말씀이라고 해석한다.) 내성적이고 소극적인 성격의 경우는 더 쉽게 죄의식에 빠지지 않을까 생각된다. 도저히 믿을 수 없는 동생의 죽음이 현실로 다가오면서 내재해 있던 죄의식이 드러나고 자신의 허물로 말미암은 것이라는 생각에 빠져들었던 것은 아닌지.

동생의 장례식에 아내는 가지 못했다. 다녀올 경비마련도 여의치 않았지만 도저히 아내 혼자 먼 여정을 할 수 없다고 판단해서 말렸다. 아내는 동생의 주검을 마주할 힘이 없어보였고 내가 동반할 수 없는 상황에서 혼자 여행을 감당할 수 없다고 생각했다. 아내는 이미 정신적으로 신체적으로 탈진상태에 있었다. 처제들은 언니의 불참을 그럴 수 있느냐고 원망했다. 원망은 당연한 것이었다. 마땅히 감수해야했다. 그러면서도 감사할 것은 처제들과 장인 장모님이 한 번도 언니가 느꼈을 죄책감이나 책임감을 건들리지 않았다는 것이다. 사실 나는 언니에 대해(처제들이) 혹은 딸에 대해(장인과 장모님이) 원망하는 듯한 말이 혹시나 한마디라도 나올까봐 걱정했다. 재규의 죽음은 아내와는 아무 관련이 없는 사고일 뿐이다.

삼익아파트에서의 생활은 슬픔과 회한, 원망과 그리움이 뒤범벅

되고 몸과 마음은 천근만큼 무거운 길고 지친 시간이었지만 인생의 소중한 경험의 시간이었다. 공자는 '어질지 못한 자는 곤궁한 곳에 오래 살수 없으며, 또한 편안한 곳에서도 오래 살수 없다.'(不仁者 不可以久處約, 不可以長處樂, 논어 이인편)고 했다. 사랑이 없으면 곤궁한 삶을 이겨낼 수 없음은 물론 평안한 삶도 오래 누릴 수 없다는 것이다. 사랑함으로써 오래 참고 견디어낼 수 있으며 그럼으로써 어려움도 이겨낼 수 있음을 고백하게 된다.

시간은 흐르기 마련이고 변화는 기다리지 않아도 오기마련인 것이 삶인 것 같다. 아내는 시간이 지나면서 또 딸들이 모두 고교를 졸업하면서 인생의 절반쯤의 스트레스는 사라져버리는 것 같았다. 당연히 나도 마음의 여유가 생겼다.

- 2012년 4월

교환교수 생활에서 얻은 즐거움

김웅락

중국 광동성 심천시의 심천대학교에서 나는 1년간(2009. 2~2010. 1) 교환교수로서 한국어를 강의했다. 한국어 강의는 그 전공자가 아니더라도 교수를 교류하는 대학 간의 협약에 의해 비전공자도 교환교수가 될 수 있다. 강의에 참석한 학생들은 중국학생들로서 교양으로 한국어를 선택한 학생들이다. 그들은 한국을 매우 좋아하고 한국에 대해 아는 것을 즐거워하고 있다.

광동성 심천은 잘 알다시피 더운 지방이다. 덥기로 말하면 한국의 여름 날씨도 무척 덥지만 심천은 한국의 여름보다 습도가 더 높은 편이라 훨씬 덥다고 느껴진다. 습도 때문에 적응이 좀 어려울 수도 있다. 그러나 강의실이나 집, 기타 공공건물, 상가 등 건물 안은 냉방시설이 다 되어있고 그밖에 대중교통에도 냉방시설이 잘 갖추어져 있기 때문에 더위는 별 문제는 안된다고 하겠다. 겨울은 짧고 추위가 없기 때문에 여름보다는 지내기가 훨씬 편안한 편이다. 그러나 객지 생활의 불편함은 어디를 가나 마찬가지 언어의 소통 등 어려운 점이 한둘이 아니지만 교환교수 생활을 하면서 얻은 즐거움은 각별하다. 그 중 두 가지 즐거움에 대해 말해 보려고 한다.

첫째의 즐거움은 중국학생들과의 만남이다. 사실 나는 중국어를 전혀 모른 채 심천에 오게 되었다. 교환교수 지원자가 없는 상태였는데, 내년 쯤 한번 가보고 싶다는 의사를 말했더니 며칠 후 이번에 가면 좋겠다는 연락이 왔고 맨 땅에 머리 박듯이 한번 부딪쳐보자는 심정으로 오게 되었던 것이다. 중국어를 전혀 못하기 때문에 당연히 한국에서부터 마음의 준비는 하고 왔지만 막상 도착하고 보니 긴장되고 걱정이 태산이었다. 학교 측에서는 강의에서 통역(학생)을 활용하면 어떻겠느냐고 제안해 왔다. 그러나 통역을 써본 경험도 없거니와 그렇게 강의를 진행 한다는 것은 내가 교수가 아닌 로봇이 되는것 같아 동의하기 어려웠다. 강의가 매우 높은 차원의 이해를 구하는 내용이라면 모르겠으나 언어 공부는 가르치는 사람과 배우는 사람 사이의 이해와 공감이 중요하지 않겠는가. 이를 다른 사람을 통해서 (기계적으로) 전달하느니 차라리 가능한 다른 방법을 이용하여 미숙하고 어렵더라도 내가 직접 하면서 학생들과 교감하는 것이 더 의미가 있다고 여겼다.

이런 것은 이미 예정된 문제였으므로 나는 이곳에 오기 전 영어로 강의의 수단을 삼겠다고 마음먹고 있었다. 그럼에도 걱정이 떠날 수 없었던 것은 영어 강의의 경험이 없었기 때문이다. 주제발표 혹은 한 시간 정도의 짧은 강의는 해봤으나 학기 단위의 강의는 경험이 없었다. 매사가 그렇듯 강의 역시 노하우와 자신감 없이는 힘든 일이다.

학기가 시작되면서 처음 4주 동안은 영어로 강의 내용뿐 아니라 중간에 하게 되는 부수적인 말까지 일일이 쓰고 익숙하게 말할 수 있도록 모두 외었다. 이렇게 4주 정도하고 나니 그 다음 부터는 좀 쉬어졌고 여유도 생겨 이 후 부터는 강의 내용만 정리하여 준비해 갔다. 점점 학생들과 친숙해지면서 자신감도 향상되었다. 큰 시행착오 없이 학생들과 친숙하고 자신감이 향상된 것은 학생들이 조금씩은 영어를 모두들 하고 나의 영어 또한 그렇게 능숙한 편은 아니지만 강의가 일정한 틀에 의해 진행되고 알기 쉽게 진행한 결과였다고 생각된다. 학생들 중에는 영문학과 3,4학년 학생이 있었는데 이들은 영어를 아주 잘 했다. 이 학생들은 다른 학생들의 부족한 이해를 대신 질문해 주기도 했고 나의 통역관 역할을 하기도 했다. 그 중 한 학생인 첸이홍 군은 내가 조금 다친 적이 있었는데 치료를 잘 받을 수 있도록 중간에서 통역을 해 주었다.

첫 시간을 잊을 수 없는데 학생들이 한국에서 온 교수의 얼굴만 쳐다보고 흥미롭게 나의 말을 기다리고 있었다. 그들은 나의 눈 맞춤을 자연스럽게 받아들이고 웃는 낯으로 강의 진행을 따라오고 있었다. 첫 시간의 첫 만남이라서 나는 좀 긴장하고 흥분상태라고 할 수 있었는데 학생들도 똑 같이 좀 흥분한 상태라고 느껴졌다. 첫 운을 뗀 것은 준비해 간 한시를 들려주는 것이었다. 하나는 고려 말 정몽주의 〈춘흥〉(春興, 봄을 기뻐하다) 다른 하나는 당나라 시인 맹호란의 〈춘효〉(春曉, 봄날 새벽)였다. 학생들은 나의 이런 시작에 매우 신기해하는 듯 하면서 곧 맹호란의 시를 모두 큰 소리로 암송하는 것이었다. 알고 보니 고등학교 때까지 학생들은 한시를 300수 정도 외운다는 것이다. 나는 두 사람의 시를 통해 시간의 차이는 있으나 봄을 느끼는 감흥이 같다는 것을 느끼게 하고 싶었다. 그래서 내가 비록 중국어를 못해 어려움이 있겠지만 사물을 대하는 사람의 마음은 같아서 이해와 공감을 불러올 수 있다면 학기를 잘 마무리할 수 있을 것이라는 의도를 담았던 것이다. 〈춘흥〉과 〈춘효〉의 내용은 대략 이런 것이다. 정몽주의 시는 '지난밤 땅을 적시는 봄비가 내리는 소리를 들었는데 아침에 보니 푸른 새싹이 몇 개 돋았구나' 하는 봄이 옴을 기뻐한다는 시이다. 맹호란의 시는 '봄잠에 새벽이 오는 것도 잊었는데 지난밤 비바람에 꽃잎이 떨어졌구나' 라는 역시 봄을 노래하는 시이다. 한시에 대해 전혀 모르는 나는 이 시를 처음 알게 되었을 때 고요한 가운데 생명이 느껴지고 아름답다는 생각을 했다.

나는 첫 시간에 강의 목표를 제시할 필요가 있다고 생각했다. 이 강의를 통해서 한국어를 어느 수준까지 해야 한다는 정도의 목표를 제시하고 덧붙여 언어를 습득한다는 것은 문화를 이해하면서 배우는 것임을 강조하면서 중국과 한국의 유사한 점과 다른 점을 느껴보자는 것을 또 다른 목표로 제시했다. 물론 한국어를 처음 배우는 학생에게 문화의 차이를 알아보자는 것은 과욕일 것이다. 그러나 〈춘흥〉과

〈춘효〉에서 알 수 있듯이 우리는 현실에서 쉽게 그런 유사함과 차이를 볼 수 있고 알 수 있고 느낄 수 있다. 밥을 먹을 때 중국과 한국은 모두 수저와 젓가락을 사용하지만 똑같지는 않은 다른 점을 발견하고 느낄 수 있지 않는가. 이제 유심히 보고 느끼면서 생활에서의 유사점과 차이점을 찾아보라는 과제를 주었다. 물론 이것은 성적과는 무관한 한국알기이다. 이것이 한국어 공부에서 또 한국어를 효율적으로 공부하는 방법이라고 생각했다.

중국학생들과의 만남이 즐거움이 될 수 있다는 것은 사실 평범한 일은 아니다. 한 두 번의 만남이 아니고 한 학기 두 학기동안 지속적으로 만나고 그들과 대화하고 강의하는 것 자체가 사실 힘들고 굉장한 부담이 되는 것은 사실이다. 그럼에도 그들과의 관계에서 즐거움을 느끼는 것은 특별함이 있기 때문이다.

중국학생들은 우리학생들 보다 밝고 적극적이라는 인상을 받았다. 수업시간에 질문도 적지 않게 한다. 나는 수업시간에 5분쯤 먼저 강의실에 들어가는데 내가 학생들의 옆을 지나가면서 재미있느냐 혹은 어려운 것은 없느냐고 물으면 나의 질문에 꼭 대답을 하고 질문을 하거나 괜찮다고 웃으며 말한다. 그런 반응이 정말 좋다. 학생들은 나와 눈이 마주치는 것을 어려워하지 않는다. 대개의 경우 부담스러워하고 쉽게 피하는데 말이다. 그들 학생들의 눈빛은 우리와 다름이 없지만 교수를 대하는 방식이 스스럼없다. 그렇다고 예의가 없거나 무례하거나 전혀 그렇지 않다. 나는 순수하고 편견 없는 눈빛, 신뢰하며 보내는 탐구하는 눈빛이 좋다. 무엇을 잘 모를 때 난감해하는 눈빛도 좋다. 그런데 난감해 하는 눈빛은 간혹 공격적인 눈빛으로 변할 때가 있다. 나는 가끔 우리학생들에게서 공격적인 눈빛을 볼 때가 있는데 다행이 중국에서는 그런 경우가 없었다. 그러고 보니 한번 있었다. 그 학생과는 캠퍼스안 길에서 만났는데 성적에 불만이 있어 큰 소리로 불만을 털어놓고 항의하는 바람에 당황했던 기억이 난다. 그렇지만 학생들의 눈빛을 보면 나도 순수해지고 편견없이 그리고 신뢰를 보내며 강의를 좀더 성의있게 준비하게 된다.

나는 그런 학생들을 대하며 중국학생들의 자긍심을 보게 된다. 한번은 '그러나'와 같은 접속사를 설명하면서 좀 어려운 '그럼에도 불구하고'를 알려주고 역설에 대해 설명했다. 그리고 노자 도덕경의 한 귀절을 예로 들었더니 아주 특별한 느낌을 갖는 것 같았다. 정확한 판단인지는 모르겠지만 자긍심 있는 사람의 눈은 순수하고 편견없는 눈빛을 보이는 법이다. 내가 만난 몇 안되는 중국학생들이었지만 앞으로도 편견없이 순수함을 잃지 않고 적극적이고 진취적으로 젊음을 펼쳐나가기를 기대한다.

두 번째 즐거움은 한국어를 공부하게 된 점이다. 나의 한국어 공부란 가르치기 위한 것인데 외국인을 대상으로 하는 한국어강의에 있어서 중요한 문제는 한국어를 잘 가르칠 수 있느냐에 있을 것이다. 중국어를 할 수 있느냐하는 것은 수단이 준비되어 있느냐는 것이지 그것이 곧 본질(한국어를 가르치는 것)을 말하는 것은 아니다. 중국어를 잘하면 가장 좋은 수단을 갖고 있는 것이므로 효율적으로 강의를 할 수 있을 것이다. 그러나 내 경우 그런 준비가 전혀 없이 시작할 수

밖에 없는 처지에서 학생들에게 정확하고 좋은(?) 한국어를 가르치는 것은 나의 열정과 의지가 필요한 것이었다. 한국어를 사랑하고 이해하며 이를 체계적으로 전달하는 나의 열정과 의지의 문제인 것이다. 그런 생각은 강의 준비를 위해서 뿐 아니라 새삼스럽게 한국어 공부를 꼼꼼히 하는 계기가 되었다. 국립국어원에서 만든 〈외국인을 위한 한국어 문법〉책을 구입해서 공부했다. 잘 모르고 지내던 문법을 알게 되었고 문법을 가르치는 재미를 느끼게 되었다. 이러한 것들이 모두 강의에 필요한 것은 아니었지만 자신감과 함께 모국어에 대한 사랑을 그리고 모국어에 대한 자긍심을 갖게 되었다. 그러다 보니 한국어의 아름다운 표현에 대해서도 간단한 것들 예컨대, 시, 노랫말 등을 간간히 소개하기도 했다.

내 강의를 포함하여 한국어 강의는 같은 시간대에 4개의 클래스가 있었는데 다른 선생님들은 학생들이 좋아하는 한류 스타 아이돌의 노래와 춤을 들려주고 보여주는데 나는 그런 것에 관심이 별로 없었을 뿐 아니라 왠지 어색할 것 같았다. (내가 별로 관심도 없었고 다른 클래스의 한국어 선생님들은 나보다 20년은 젊은 분들이었다.) 관심도 없는 주제를 관객들이 좋아한다고 해서 그것을 무대에 올려 억지 흥을 낼 수는 없는 것이었다. 그렇게 하지 않아도 이미 학생들은 한류스타에 대해 모르는 것이 없었다. 그런 나의 태도에 실망했는지 한 학생이 〈소녀시대〉를 모르느냐고 묻는 것이다. 그 무렵에 〈소녀시대〉가 한창 인기를 얻고 있었는데 사실 나는 이름만 들어봤지 그들의 이름도 노래도 모르고 있었다. 나는 솔직히 모른다고 하면서 지금은 〈소녀시대〉가 아니라 〈나의 시대〉라고 농담을 했더니 학생들은 뜻밖의 대답에 재미를 느낀 듯 크게 웃었다. 인기도 중요하고 그들이 좋아하는 것을 따라주는 것도 중요하다. 그러나 한국어를 가르치는 것의 접근을 편리하게 그리고 한 가지에 집중하기 보다는 다양한 접근이 할 수만 있다면 더 의미 있는 작업이라고 생각했다. 그 후 나는 중국학생들을 통해 한국의 아이돌 그룹 〈신화〉, 〈동방신기〉도 알게 되는 우습고 재미있는 경험을 했다. 몇몇 학생들은 비행기를 타고 난징에 가서 〈소녀시대〉의 공연을 보고 왔다고 말하기도 했다.

학생들의 생활은 한류를 즐기고 있었지만 수업시간에서 나는 고은 시인의 〈가을편지〉를 소개하고 가을에 편지를 쓰는 시인의 마음을 느껴보자고 했다. 조동진의 〈행복한 사람〉을 소개하며 뜻을 설명하기도 했다. 나의 이런 식의 강의를 통해 학생들은 나를 전통적인 스승 혹은 아버지와 같은 느낌을 받는 듯했다. 어쨌든 강의에 부담을 많이 느끼는 듯 했으나 반응은 나쁜 편이 아니었다. 중간고사와 학기말 시험의 성적이 상대적으로 좋았던 것이다. 그들은 잘 따르고 질문도 많이 하며 열심히 공부해 주었다.

한국어를 처음 배우는 학생들이기 때문에 나의 한국어는 쉽고 간결한 표현에 집중했다. 물론 교재도 그런 방향으로 만들어졌지만 예문들이 너무 도식적이라는 인상을 받아 좋은 예문을 찾아 활용하기도 했다. 학생들에게 적용한 쉽고 간결한 표현이란 수준에 따라서 달라지겠지만 명료하고 적확한 표현이어야 한다는 것이다. 쉽고 간결한 표현은 나에게 그동안 무심히 보아온 글과 논문들 그리고 습관적으로 해오던 말하기에 있어서도 새로운 의식을 불러왔다. 글쓰기에 대한 관심도 새롭게 하게 되었다.

한국어 강의에서 쉽고 간결한 문장은 가끔 학생들이 인터넷으로 혹은 강의 시간에 질문해 오는 것들에 대한 답변을 준비하면서 많은 훈련이 되었다. 그것은 길고 복문으로 말하면 알아듣지 못하기 때문에 가능한 짧고 간결하면서 쉬운 표현에 대한 연습이었다. 나이 들어 하는 쉽고 간결한 문장의 글쓰기 연습은 나에게 또 다른 재미를 가져다주었다. 이런 경험 덕분인지 나는 글쓰기와 인문학에 대한 관심이 새롭게 움터 나오는 것을 느낀다. 나이 듬의 현상 같기도 하고 교수평가와 같은 각종 평가로부터 홀가분해질 수 있는 정년이 다가와서 그런지 모르겠다. 나이 들면서 사회제도 보다는 사람, 사람의 됨됨이의 중요함을 새삼 느낀다. 이런 것이 나이듬 인지 모르겠지 만 교양과 인문학에 대한 관심이 높아졌고 그럴 즈음 교환교수생활을 통해 한국어를 가르치고 공부하면서 쉽고 간결한 말과 글이 사람과 사람 사이의 관계를 평화롭게 이어주는 것임을 새삼 느끼게 되었다.

교환교수를 다녀 온지 2년이 지난 지금은 손주들과 놀면서 쉽고 간결한 말과 글을 활용하고 있다. 이것이 소통이고 사는 즐거움이 아니겠는가.

- 2012년

외할아버지의 세상사는 법

김웅락

나는 어린 시절 방학 때가 되면 계룡산 기슭에 있는 외할아버지 댁에서 며칠씩 놀다오곤 했다. 외할아버지는 내가 초등학교를 졸업할 때 쯤 딸들(나의 어머니와 이모님들)이 살고 있는 대전으로 이사하셔서 그 후로는 내내 대전에 사셨던 것으로 기억한다. 그때까지 계룡산 기슭의 학봉리에서 큰 이모내외와 함께 사셨다. 내가 얘기하려는 외할아버지의 세상사는 법은 외할아버지가 계룡산 기슭에 사셨을 때의 나의 경험담이니 어림잡아 50년도 더 지난 때의 이야기다.

지금 나는 초로의 노인이 되었다. 6살과 4살의 외손이 있으니 노인이라고해서 조금도 이상 할 것이 없는 나이가 되었다. 내가 젊었을 때 할아버지 얘기를 꺼냈다면 그저 지난 추억에 미소 짓고 할아버지와의 이런 저런 감상어린 이야기를 떠올렸을 것이다. 그러나 지금 이렇게 노인이 되고 외손이 생기면서 나의 외할아버지를 생각하니 조금 신중해지고 단순히 추억을 떠올리기보다는 마음깊이 무엇인지모를 뭉클하고 진한 여운이 들며 내가 늙어가는구나 하는 것을 느끼게 된다. 그렇다고 해서 별다른 얘기가 있는 것도 아니다. 누구에게나 있을 법한 할아버지와 손주 사이의 관계일 뿐인데 내가 손주를 가진 할아버지의 입장이 되고 보니 부끄럽지 않은 늙은이가 되어야 하지 않겠는가 하는 생각이 나도 모르게 마음 한 구석에 시나부로 밀려오는 듯하다.

지금의 내가 6살 4살 먹은 손주를 대하는 행동과 그때 외할아버지가 나에게 보여주신 행동은 마치 소주와 막걸리의 차이쯤 되지 않을까 싶다. 어쨌든 그저 조용히 늘 웃음으로 대하셨던 같다. 소리 나는 웃음 띤 얼굴이 아니라 잔잔한 미소의 표정이었다. 그러나 외할아버지가 그렇게 인자스럽고 조용하고, 행동이 없는 노인만은 아니었다. 한 겨울 새벽 지금 생각하면 얼마 되지 않았을 거리지만 그때 느끼기에는 왜 그렇게 먼 거리인지 불빛이라고는 전혀 없는 깜깜한 거리를 신작로를 따라 걸어서 교회에 갈 때는 외할아버지에게 아무 투정도 못하고 꼼짝없이 따라나섰다. 반듯이 가야하는 일과였던 것이다. 교회는 동내 어른들 몇 분들과 외할아버지, 사촌형제들과 친형제들 모두 10여명쯤 되었을 것이다. 불기 없는 맨 마루바닥에 앉아 예배 볼 때는 왜 그렇게 목사님 말씀도 길고 외할아버지의 기도는 또 왜 그렇게 끝나지 않는지 다리가 저려오고 그랬다. 어렴풋이 그런 교회의 분위기와 어른들의 행동은 훗날 교회 다니는 사람에 대한 나의 이미지를 만들었고 한편으로 할아버지에 대한 새로운 권위같은 것을 느꼈던 것 같다. 그 새벽기도회의 일정만 끝나면 외할아버지는 별말씀도, 별다른 행동도 없었다. 그저 잔잔한 미소로 밖을 내려다보시는 것이 전부였다. 동내 분들과의 대화나 누가 찾아오는 손님이 있으면 상대는 모두 외할머니가 맡아하셨다. 그러니까 집안 살림은 물론 집 밖의 일도 외할머니가 도맡아 하시고 할아버지는 아침 새벽에 교회 가셔서 기도하시는 일과 큰 이모부가 맡아하시는 텃밭을 가꾸시고 거름 주고 퇴비 만드는 일을 조금 돕는 일 외에는 거의 활동이 없으셨던 것으로 기억된다. 외할아버지의 기도는 비록 어슴푸레한 기억이지만 정말 진지하고 신실한 자세로 무릎 꿇고 한 시간은 족히 넘을 정도의 시간을 움직이지 않고 기도에 열중하셨던 것 같다. 할아버지의 다리는 저리는 것을 모르는듯했다. 내가 무릎이 저리고 다리가 아파 와서 몸을 이리 비틀고 저리 비틀 동안에도 요지부동으로 무릎 꿇고 기도를 끝마치셨다. 나중에 조금 투정과 불만을 말할 정도로 가까워지기 전까지는 그런 외할아버지가 무섭기도 했고 가까이 할 수 없는 존재였다. 호롱불 아래에서 제대로 보이지도 않아 사람의 윤곽만 어렴풋이 보이는 곳에서 불기는 전혀 없어 찬 기운이 가득한 예배당은 어린 나에게는 귀신이 나올듯한 무서운 곳이었을 뿐이다.

어렵고 무섭기조차 한 외할아버지를 친밀하게 느끼게 된 것은 밥을 드시는 모습에서였던 것 같다. 외할아버지는 식사하실 때 소리를 많이 내신다. 막말로 쩝쩝하는 소리를 내시는데 그냥 쩝쩝 소리가 아니라 맛있어서 내는 달디 단 입맛으로 느껴지는 소리이다. 나는 외할아버지의 이 소리에 새벽녘의 무서운 할아버지에서 인자하고 정감

넘치는 할아버지를 발견했던 것 같다. 인자하고 정감있는 할아버지를 느끼는 또 다른 것은 외할아버지의 멋진 카이젤 수염이다. 그러나 단지 수염 때문이 아니라 식사하시면서 젓가락으로 카이젤 수염을 위로 말아 끌어올리는 행동(아마 국물이 수염에 묻기 때문)이 참 특별하고 재미있다고 느껴서인 것 같다. 그때 아마 어린이들에게 수염 기른 어른들은 노인이라는 표현이외에는 별다른 느낌이 없었겠지만 그 수염을 밥 먹을 때 젓가락으로 쓸어 올리는 행동은 특별하고 그것을 옆에서 보고 있을 때에는 외할아버지의 나쁜 버릇을 나에게 일부러 보여주시는 것 같았다. 그러니까 더럽다고 질색을 하시는 외할머니와 이모의 비난을 아무렇지 않게 받아넘기는 행동을 일부러 손주들에게 보이시는 행동을 하신 것인데 이것이 나에게 외할아버지에 대한 무서움이나 경외감을 넘어서도록 하는 나에 대한 외할아버지의 파격이었던 것으로 이해되었다. 사실 외할아버지의 수염에 대한 파격적인 행동은 이것만이 아니다. 외할아버지는 아침에 잠자리에서 일어나시면 먼저 하시는 일이 침을 뱉어 손에 받아서는 양손으로 비빈다음 얼굴을 씻듯이 문지르시고 다시 침을 뱉은 다음 똑같이 비벼서 침이 묻은 손으로 수염을 매만지고 수염의 양끝을 꼬아올리는 것으로 하루가 시작되신다는 것이다. 지금 생각하면 엽기적인 행동으로 비쳐지고 비위생적인데 그때는 외할아버지의 이런 행동이 오히려 수염에 대한 경외감과 외할아버지의 치기 같기도 하고 배짱 같기도 한 어쨌든 흉허물 없이 자신의 내면을 손주들에게 보여주시는 최대한의 친밀한 행동 같은 것이었다고 생각되었다.

외할아버지의 집은 계룡산 자락에 위치해 있는데 뒤로는 산이고 앞에는 작은 개울이 있었다. 그 개울을 따라 죽 올라가면 깊은 산으로 이어지는데 그곳 한 지점 꼭대기 부근에 외할아버지 외할머니의 산소가 있다. 나는 잘 모르지만 같이 살았던 이종형의 말을 들으면 이곳이 내가 묻힐 곳이라고 말씀해 두셨다고 한다. 사실 너무 높고 험한 편이라 자주 성묘를 하지 못하고 있어 외할아버지 외할머니께 죄송하다. 외할아버지의 집은 그때의 시골집이 다 그렇듯이 전면에 마루가 있고 가운데에 부엌 그리고 방이 양옆으로 각각 한 개와 두개가 있었다. 마루는 방 사이를 이어주는 복도의 구실을 하고 뒷마루도 있었는데 뒷마루는 뒤꼍의 여러 가재도구를 보관하고 손쉽게 꺼낼 수 있게 해주는 통로의 구실을 했다. 그런데 지금 생각하면 특이하게 외할아버지 집에는 글씨가 씌어있는 액자가 두 개 걸려있었고, 또 하나의 액자에는 그림사진이 걸려 있었다. 특이하다고 말하는 것은 보통은 안방에 가족사진이 걸려있고 더러는 동양화 혹은 한문 글귀가 걸려있는 경우가 일반적인데 외할아버지에게는 그런 것이 아니라 매우 서구적인 글귀와 그림사진이 붙어있었다는 점 때문이다.

그림 사진은 "한국의 상공에 나타나신 예수그리스도"라고 제목이 붙어있는 그림인데 펜으로 그린듯 한 것으로서 구름위에서 예수그리스도가 두 팔을 벌리고 포용하고 있는 형상이었다. 외할아버지는 새벽에 기도 하실 때 늘 나라를 위해 기도하셨고 당시의 대통령인 이승만 박사를 위해 빼놓치 않고 기도하셨던 것을 기억한다. 가끔 6.25 전쟁을 애기하셨던 것을 생각하면 한국 전쟁이 휴전 된지 얼마 안된 시점에 또 전쟁이 있어서는 않되겠다는 것과 이를 위해 지도자에 대한 진정어린 소망을 기도에 담아 고백하신 것이 아닌가 추측할 뿐이다.

"한국 상공에 나타나신 예수그리스도"가 건넌방 문 위에 걸렸고 두 개의 글귀는 안방과 건넌방 사이의 공간에 나란히 걸려있었다. 그 액자에는 두 개의 글귀가 적혀있었다. "결코 시계를 보지 마라"와 "맹세하지 마라"이다. 문장 전체가 전부 이것이었는지는 잘 모르겠지만 '시계를 보지 말라'와 '맹세하지 말라'였던 것은 분명하다. 어렸을 때였으므로 그 뜻이 무엇인지 몰랐을 뿐 아니라 이상한 글귀라고 생각했던 것 같다. 시간에 대한 개념은 없었을 것이고 맹세라는 뜻은 물어서 알았을 수 있었겠지만 무슨 의미인지는 알지 못했을 것이다. 무슨 의미인지도 모르면서 외할아버지 댁에 가면 의례 그 글귀가 있는지를 확인하고 눈여겨 보았다. 내가 5학년인가 6학년쯤 되었을때 대전으로 이사 오셔서 시골의 외할아버지 댁에 갈 수 없었을 때 까지 그래서 다시 그 글귀를 보지 못했을 때에도 나는 이 구절을 잘 기억하고 있었다. 어쨌든 그 구절을 나는 이상하리만치 되 뇌이고 지내왔던 것 같다. 특히 "맹세하지 말라"는 나의 어린 시절은 잘 모르겠으나 성장한 후까지도 영향을 주었던 문장이다. 나는 거의 결심 한다 라든지, 맹세 한다 라든지 하는 말을 별로 좋아하지도 않을뿐더러 그런 말에 주의를 주거나 무겁게 받아들이지 않는다. 지금도 나는 결단, 결심, 맹서 따위의 표현을 하는 사람을 신뢰하지 않는 편이다.

그런데 어느 계기가 있어 내 마음속에 담겨있는 외할아버지의 글귀의 출처를 찾아보고 외할아버지의 마음을 제대로 이해해보자는 생각이 들었다. 벌써 10년쯤 전이다. 내가 정년을 10년 앞둔 시점에 이것저것 정리해야겠다는 생각을 하면서 부터이다. 학술적인 것들은 사실 내 놓기 부끄러운 것 들이만 그런 대로 정리가 될 것 같다. 그런데 나의 큰 딸이 결혼하고 외손을 보면서 나의 어린 시절에 관심이 가기 시작했고 무엇보다 어린 시절의 추억이 담긴 일들에 대해 생각이 미치자 자연히 외할아버지와의 일들이 새삼 귀중하게 다가왔던 것이다. 그래서 완전할 수는 없겠지만 외할아버지의 생활세계를 이해하는 노력을 하다보면 어디에 선가 그 글귀의 출처를 찾을 수 있을 것 같았다. 외할아버지의 생활세계는 앞에서 조금 얘기 했지만 대략 교회와 신앙생활이 일상의 거의 모두였다고 생각할 때 출처의 확인이 그렇게 어렵지 않겠다 싶었다. '맹세'와 관련해서는 성경에 있을 것 같다는 생각이 들었고 한번쯤 이런 내용을 본 것 같기도 했다. 그러나 '시계를 보지 말라'는 2000년 전의 시대에 그런 식으로 표현을 했을까하는 의문이 들었다. 크로노스(chronos) 혹은 카이로스(kairos)와 같은 시간 개념을 알고 있지만 물리적 시간을 측정하는 기계로서의 시계 그것도 개인적으로 활용하는 시계는 현대과학의 산물일 것 같다는 생각이 들어서였다.

나는 성경을 2, 3차례 읽은 경험이 있어 어렴풋이나마 맥락과 표현형식에 대해 나름 이해하는 구석이 있는데, '시계를 보지 말라'는 구절은 정말 전혀 생소하다. 그렇게 생각하니 나의 이해의 범위를 넘어서는 일이라 출처를 찾기가 어려워지겠구나 생각되었다. "맹세하지 마라"는 말 그대로 이해할 수 있지만 "시계를 보지 마라"는 너무나 생경스런 말이지 않은가. 시계를 보지 말라니 어떻게 시간을 알고 생활한다는 말인가? 현대 생활이란 단 1분의 시간도 흘릴 수 없을 정도로 꽉 짜여 진 것 아닌가. 따라서 '시계를 보지 마라'는 것은 현실세계의 의미가 아니지 않을가. 그 문장은 외조부님의 '내가 이해할 수 없는 믿음'의 세계안의 행동지침이 아닐까 하는 생각이 들기까지 했다. 다만 외할아버지의 신앙생활을 이해해볼 때 아카데믹하게 성경을 탐구하기보다는 일상의 기도생활이 주된 것이었으므로 신학적으로 깊이 들어가기보다 우선 외할아버지에 대한 기억과 생활세계에 집중하는 것이 정답 찾기에 실제적으로 도움이 될 것이라고 생각했다.

드디어 나는 출처를 찾았다. 그러나 출처의 원문을 두고 이해하고 해석하는 것은 순전히 나의 추리와 상상력의 문제였다. 왜냐하면 원문의 맥락을 이해할 만 한 능력이 부족했기 때문인데 사실 이것은 그리 중요한 문제가 아닐 수 있는 것이다. 외할아버지가 생활에서 무엇을 어떻게 느끼고 생각하고 행동하셨는지의 문제이겠기 때문이다. 말하자면 출처를 찾은 다음은 과학적인 이해와 해석이 문제가 아니라는 것이다. 똑같은 사안도 보는 사람에 따라서 전혀 다른 느낌이 가능하다는 것과 같은 이치일 것이다. 결국은 내가 외할아버지를 얼마나 잘 이해하고 외할아버지에 대한 마음이 얼마나 깊은지의 경우가 될 것 같다. 물론 처음부터 그런 작업이고 그럴 수밖에 없을 것임이 분명한 일이기도 했다.

"맹세하지 마라"의 출처는 야고보서 5장 12절의 말이다. (마태 5: 33-37). 거기에는 이렇게 되어있다. "내 형제 여러분, 무엇보다도 명심할 것은 맹세하지 않아야 한다는 것입니다. 하늘이나 땅이나 그 밖의 무엇을 두고도 맹세하지 마십시오. 다만 '예' 할 것은 '예'라고만 하고 '아니오' 할 것은 '아니오'라고만 하십시오. 그래야 심판을 받지 않을 것입니다." 야고보가 하는 말은 전혀 복잡하거나 어렵지 않아 보인다. '예'할 것은 '예'라고 하고 '아니오'라고 할 것은 '아니오'라고만 말하면 될 뿐이라는 것이다. 현실 생활에서 거짓이 난무하고 미사여구로 위장하고 오도하지만 믿음의 생활에서는 담백해야 한다. 그러나 생활인에게 그런 취지의 '맹세하지 말라'는 참으로 어려운 일이다. 나는 외할아버지의 새벽기도 특히 겨울의 냉기 흐르는 불기 없는 마루바닥의 교회에서 간절히 하시는 그 기도의 내용은 전혀 기억이 없지만 신앙인의 고통을 어렴풋이 느끼게 되는 기회가 있었다. 어찌 보면 쌩뚱맞기도 한데 김은국씨의 〈순교자〉라는 소설책을 읽은 뒤에 외할아버지가 마치 그 책 속의 신 목사 처럼 느끼게 되었다. 신 목사는 공산주의 치하의 평양에 남은 몇 않되는 목사였다. 그는 신을 부정하는 공산주의치하에서 평양을 떠나지 못한 시민들을 외면할 수 없어 남게 되었다. 마치 예수에게 "네가 하나님의 아들이면 이곳에서 뛰어내려보라"는 사탄에 맞서 듯 신 목사는 온갖 회유와 위협에서도 신앙을 지켜나갔으나 평양시민에게 존경받든 한 목사는 그들의 회유와 억압으로 하나님을 부정하게 되고 그는 그 고통을 견디지 못하고 무너져 정신이상이 된다. 신 목사는 자신과 관련한 사실을 민중 앞에 밝힐 수도, 누구에게 털어놓을 수도 없는 마음의 갈등과 처참하게 무너져 가면서도 주님을 찾지만 응답이 없는 하나님 사이에서 고통을 겪지만 평양시민은 오히려 신 목사를 유다와 같은 배반자로, 한 목사는 신앙을 지키려다 혹독한 고문으로 정신에 이상이 생긴 사람으로 믿게 된다. 내가 쌩뚱 맞다고 하는 것은 내 눈에 비친 외할아버지의 신앙생활이 마치 신 목사 처럼 느껴졌다는 것이다. 모든 상황이 다르지만 하나님 앞에서의 실존적 신앙인의 모습이 외할아버지에게서 발견되었던 것이다. 대학에 들어가서 키에르케고르(Kierkegaard)를 알게 되었을 때 그의 '신 앞에 선 단독자'에서 감동을 받았던 기억이 있는데 외할아버지의 기도하시는 모습은 그렇듯 경건하고 고독하고 결연한 모습으로 깊이 남아있는 것이었다. 어렸을 적 기억과 성장한 후의 〈순교자〉를 읽은 후의 나의 의식은 그렇게 연결되어 있었던 것으로 보인다. 온전히 내 마음속에는 그렇게 남아 있다.

"시계를 보지 마라"는 발명가 에디슨의 말이었다. 외할아버지는 사람에 대한 얘기를 하실 때 성경에 나오는 사람 외에 말씀하시는 거의 유일한 인물이 에디슨이었다. 외할아버지가 존경하는 분이 에디슨이고 그의 말에 "시계를 보지 마라"라는 글귀가 있는 것이다. 우리는 보통 노력의 중요성을 말할 때 에디슨의 1%의 영감과 99%의 땀을 이야기한다. 지금은 정말로 세상이 많이 바뀌었지만 내가 초등학교 다닐 때 위대한 과학자하면 의례히 에디슨이었다. 아마 요즈음 에디슨을 모르는 어린이들은 많을 것이고 더구나 과학자로서의 위상도 별로일 것 같다는 생각이 든다. 신앙인으로서 외할아버지의 에디슨에 대한 이해는 과학에 있는 것이 아니라 그의 생활에 있었던 것 같다. "시계를 보지 말라"는 것과 관련해서 에디슨이 한 말 중에는 다음과 같은 말이 있다. "변명 중에서 가장 어리석은 변명은 '시간이 없어서'라는 변명이다"라는 것이다. 그러나 지금도 누구나 쉽게 하는 변명의 한 구절이 되고 있다, '시간이 없어서……'. 에디슨 전기에 의한 원문의 표현은 이것이다. "절대로 시계를 보지 말라. 이것이 젊은이가 꼭 기억해주기를 바라는 것이다." 실제 생활에서 시계를 보지 않을 수는 없을 것이다. 그러나 무엇인가 목표를 갖고 일할 때 시간의 제약을 받는다면 이루기 쉽지 않을 것이다. 시간은 늘 제한적이다. 만약 시간의 제약이 없다면 누구나 원하는 것을 이룰 수 있을 것이다. 에디슨이 시간을 정해놓고 발명에 뛰어들었다면 아마 그의 발명은 초라하기 짝이 없었을지 모른다. 그리고 99%의 땀이라는 체험의 말도 없지 않았을까. "시계를 보지 마라"는 에디슨의 교훈은, 시계를 보지 않는다고 시간의 제약을 받지 않을 리가 없지만 목표가 분명 할수록 그리고 그 목표가 성취되어야 한다고 하면 할수록 집중하고 땀(노력)을 흘려야한다는 것을 가르쳐주고 있다. 외할아버지가 평생 살아오며 터득한 교훈은 '사람들 앞의 자존심'이 아니라 '하나님 앞에 담대함'이고, '이기적인 목표'가 아니라 '하나님 뜻 안에서의 목표'라면 결코 시간의 구애를 받지 말아라 하는 것이다.

내가 외할아버지를 옳게 이해하고 있는지 모르겠다, 외할아버지의 세상사는 법을. 어쨌든 외할아버지 얘기를 하고 보니 나도 할아버지가 된지 꾀 되었다. 나의 손주들은 내가 세상에 없을 때 무슨 기억이 남아 있을까?

- 문학시대 제30호(2012년 9월 가을호)에 실린 글을 문학시대의 양해 아래 재수록

내가 걸어온 길

김웅락

지나온 시간을 정리 해 보고 싶은 것은 자연스런 마음일 것이다. 그 결과가 과장이든, 자기합리화이든 자연스런 태도일 것이다. 어찌 되었든 이글은 그런 동기에서 쓴 나의 지나온 발자취이다. 발자취는 이성을 밥줄로 삼아온 교수들에게는 똑 바로 걸어간 길로서 추적이 단순하고 해석이 명료할 것이겠지만 현실은 꼭 그렇지 만도 않을 것이다. 사람은 이성이 있으니 반듯이 감성도 있겠고 실험실이 있으면 치고받는 삶의 현장도 있기 마련이기 때문이다. 더구나 이런 유(에세이)의 글쓰기는 이성의 세계와 삶의 세계(물론 삶의 세계란 이성과 감성의 세계로 되어 있겠지만)를 종횡 무진할 필요가 있다. 그래야 재미도 있고 실험실이 아닌 삶의 현장의 리얼리티가 살아나기 때문이다. 그러나 이 글이 종횡무진하고 리얼리티가 있다는 말은 아니다. 말이 그렇다는 것이다. 어쨌든 이러한 유의 글쓰기가 비록 논문보다 덜 익숙한 편이지만 형식을 자유롭게 함으로써 '하나의 실험실'과 '하나의 현장'을 떠나는(정년퇴직으로) 사람의 마음과 생각, 실증과 규범 따위를 그림을 감상하듯 천천히 음미하고 설명할 수 있다면 그것이 좀 더 편하고 실감나지 않을까 생각된다. 여기에 덧붙여 그것을 가능한 한 가지 관점에서 일관되게 음미하고 설명하여 하나의 가설적 의미를 만들어 보려고 한다.

이 글에서 나는 그동안 나의 정신과 마음에 어떠한 형태로든지 영감을 주고 영향을 끼쳐왔다고 보는 문제들 그리고 사람들에 대해 그것들 혹은 그들을 기억해보고 유추하려고 한다. 꼭 그렇지는 않겠지만 영감과 영향을 받았다면 아마 젊은 시절의 얘기가 될 것이다.

내가 인생의 대부분의 시간을 교수로서 살아오는 과정에서 비교적 많은 영향을 주었던 글들을 기억해서 반추해 보려고 한다. 조성식 교수가 쓴 '한국청년들에게 고함'이라는 글이 그 가운데 하나이다. 이 글은 내가 철이 들 무렵 그러니까 소위 세상 물정을 조금씩 알게 되고 깨우쳐가던 때 읽은 글인데 아쉽게도 지금 이글을 갖고 있지 못하다.

1960년 중반으로 기억하는데 글쓴이 조성식교수는 당시에 고려대 영문학교수로서 청소년들을 위한 계몽적 글과 군사정부아래에서 호기롭게 새로운 세상을 열어주고 안내해 주는 글을 썼다. '한국청년들에게 고함'이 그런 글로 기억된다. 이 글에서 내가 큰 감동을 받은 부분은 1945년 패망하기 직전 일본은 미군의 본토 상륙을 앞두고 최후의 저항을 계획하는 시기이었는데 수도인 도쿄의 방어를 위한 사령부(帝都防衛司令部)를 동경제국대학의 캠퍼스 안에 설치하겠다는 군부의 결정을 단호하게 거부하는 총장의 행동을 기술한 부분이다. 내가 이 글을 읽을 무렵인 1960년대 중반은 5.16 구테타에 의해 헌법이 중단되고 군부가 권력을 장악했던 때와 겹쳐 이 글이 큰 감동을 주었던 것이다. 그 때 나는 서울에서 대학입시를 위해 독학을 하고 있었는데 나의 마음에 말할 수 없는 벅찬 감동을 느꼈음을 지금도 잊을 수가 없다. 나의 독학은 적성이 맞지않는 이유로 공업계통의 전문대학을 자퇴한 후 심리적으로 매우 불안하고 장래의 문제들로 고민이 많던 때였는데 도쿄제국대총장의 행동은 나에게 전혀 새로운 문제의식을 준 것이었다. 말하자면 여러 가지로 고민이 많던 시기이지만 결국 어떻게 사느냐가 중요하다는 일종의 깨우침을 갖게 해 주었다. 그런데 그 때 내 생각에 전환의 계기가 되었던 그 사건에서 몇 가지 의문을 갖게 되었다. 우선 어떻게 그게 가능한 것인가 였다. 당시의 군국주의 일본의 서슬퍼런 권력을 대학의 총장이 한마디로 거절한 것이 경이롭게 느껴졌고 어떻게 그게 가능한 것인가 하는 의문이 들었던 것이다. 그가 지키고자한 것은 자신과 관련된 어떤 이익도 명예도 아니었다. 일본인으로서 외국의 군대를 대적해야한다는 당위적 요구에 대해서 거부할 수 있는 용기란 대학이라는 실체를 잘 알기 전의 나로서는 이해하기 쉽지 않은 것이었다. 다만, 외국군의 침입을 막고 국토를 보존해야한다는 절대적 사명 앞에서의 그 총장이 취한 태도를 보면서 분명하지는 않았지만 막연하게나마 대학이라는 존재가 한없이 커 보였다. 대학의 이념 이상이란 무엇인가? 그것은 곧 진리란 무엇인가? 라는 근본적 문제를 배경으로 하고 그것은 또한 정의란 무엇인가? 라는 것과 상통한다는 것을 나중에야 알게 되었다. 나는 그런 꿈같은 의문 속에서 지내는 어쩌면 행복하기도 하고 어쩌면 독학하는 시간에 무모한 시간을 보냈는지 모르겠다.

그런데 막상 감동이나 경이로움 같은 감정에 따르는 기억을 서술하려고하니 시간적으로 너무 오래되어 그 감동의 기억을 확인할 필요가 있었다. 이참에 한번 확인해보아야겠다는 생각에 일어일문학과의 민병훈교수에게 확인을 부탁했다. 감사하게도 그는 여러 자료를 찾는 수고를 마다하지 않으면서 나의 불안을 불식시켜 주었다. 나아가 기억하지 못했던 당시 총장의 이름도 알게 되는 기쁨도 얻었다. 총장의 이름은 우치다 요시카즈(內田祥三)로서 건축학전공교수였는데 현대일본의 건축에 많은 기록을 남긴 인물이라는 것도 알게 되었다. 다시 조성식교수의 기술을 상기해 보면 우치다 요시카즈 총장은 1943년에 총장에 취임하여 일본 패망 직전 군부의 방어사령부요청을 거절했을 뿐 아니라 군부가 타협책으로 켐퍼스에 대공포 설치만이라도 하겠다는 것 역시 단호히 거절했던 것이다. 결코 대학에 군대를 들이는 것은 용납될 수 없다는 것이다. 그는 일본제국의 군부의 요청만이 아니고 패전직후 미국 등 연합국이 군사령부로서 도쿄대를 활용하겠다는 요구에 대해서도 각 방면에 호소하여 막았다고 한다. 나는 일본에 별로 호의적이지 못한 편인데 요시카즈 총장을 보면서 그리고 군국주의 일본의 대학에 대한 인식에서 더욱더 놀라움을 느끼지 않을 수 없었다. 그 후 대학에 다니게 되면서 우리나라의 군사정권이 자행했던 대학 내에 군대의 주둔(1971년 10월15일 위수령발동으로 서울소재 7개 대학과 광주의 전남대에 특수부대를 주둔케 한 것)을 보면서 부끄럽고 초라한 느낌을 지울 수 없었다. 유사한 듯 다른 일본의 대학과 우리의 대학에 대한 정부의 인식과 정책은 지금도 그렇게 이어지겠구나 하는 생각이 들었다. 일본의 학문적 수준이 그냥 만들어진 것이 아니라는 것을 알게 되는 순간이었다.

60년대를 지나면서 우리 사회는 독재권력 아래에 있었지만 당시 학생으로서 내가 기억하기로 교수들의 사회참여도 활발했던 것 같다. 4.19혁명에서 교수들의 참여가 큰 영향을 미쳤던 만큼 독재권력 아래에서의 사회참여는 무겁게 받아들이는 형편이었다고 할 수 있다. 당시의 교수참여가 지금과 다른 점이 있다면 상대적으로 철학교수들의 활동이 많았다는 것이고 지금은 매우 전문적이고 다양한 방식으로 접근하고 참여 하지만 그때는 원론적이고 규범적으로 접근했었다고 생각된다. 그러나 교수들의 참여가 독재권력에 협력하는 형식이었던 것은 아니다. 그런 분도 있었지만 오히려 일정하게 권력과 거리를 두는 것이 일반적이었다고 하겠다. 지금과는 비교할 수 없을 정도의 소수의 언론매체가 있었고 이를 통해 예를 들면 라디오, 일간 신문과 월간 계간 등의 잡지에 철학교수들의 말과 글이 빈번하게 실렸었다. 철학교수들은 위기와 역사적 대전환의 시대라는 인식하에 규범적이지만 감동적으로 자신의 주의 주장을 연설했던 것이다. 대학의 교양강좌에도 철학 강좌가 많이 있었고 소설과 철학사상의 서적들 그리고 외국작가의 소설과 정치, 철학, 사상 등의 번역서들이 많이 읽혔든 것도 그 무렵이라고 생각된다. 박정희 군사정부시절에 철학과 사상에 관한 글들이 널리 읽히고 공감이 퍼져 있었다는 것은 특히 여론을 주도할 수 있는 지식인계층에 있어서 4.19 민주혁명을 뒤집은 군사정부와 어떻게 싸워 민주주의를 다시 세우느냐를 놓고 고통스런 현실진단을 하면서라고 할 수 있다.

어쨌든 60년 이후 한국사회는 대전환의 시기라 할 수 있는 시간을 맞이한 것이었다. 대전환이란 전체 사회적 변화로서 정치와 사회의 제도적 측면과 정신과 의식의 측면이 함께 맞물려야 한다는 점에서 60년 이후를 그렇게 볼 수 있을 것이다. 그 과정에서 사회의식의 변화를 위한 철학적 접근의 요구가 철학교수들을 정치현장으로 혹은 사회운동의 현장으로 인도한 것이라고 본다.

개인적으로 나는 독학하는 과정에서 정신적 심리적 허함을 달래기 위해 철학과 사상에 관심을 갖게 되었고 대학 입학 후에는 실존주의 철학에 관심을 가졌었다. 특히 기독교적 실존주의자라고 평가되는 키에르케고르(Kierkegaard, Søren Aabye)의 철학을 좋아했다. 그의 '신 앞에 선 단독자'는 그때 내 마음의 깊은 곳에 자리 잡게 되었었다. 그의 모순과 역설의 문장은 정치철학책의 앞부분에 문제의 제기처럼 실려 있는 경우가 지금도 많다. "역설(paradox)이란 철학자의 열정의 샘(source)이며 역설을 모르는 철학자는 감정없이 연애하는 연인과 같다."고 철학적 탐구의 정신을 자극하고 있는 것이다. '신 앞에 선 단독자'가 계기가 되었는지 그 후 목사 친구를 통해 민중신학을 알게 되었다. 민중신학이란 억눌린자 가난한자 등 민중이라 이름 붙인 사회적 약자들의 삶에 관심을 갖고 그들을 성서의 주제로 혹은 중심인물로 삼아 메시아사상을 밝히는 것이라고 할 수 있다. 민중신학은 남미의 해방신학에서 영향을 받았다고 할 수 있는데 유신정권은 민중신학을 신학으로서가 아니라 체제전복을 목적으로 하는 정치적 급진파의 선전물로 간주하고 탄압하여 여기에 함께했든 많은 신학자들이 해직되고 복역 했다.

이 무렵에 독일의 작가인 루이제 린저(Luise Rinser)가 한국을 방문한 적이 있다. 한국에 온 루이제 린저는 소설 〈생의 한 가운데〉(널리 읽힌 인기소설)로 알려졌었는데 방한 인터뷰에서 '생의 한 가운데'란 무엇인가라는 질문을 받고 '뷔르당의 당나귀'를 예로 들었다. 양쪽에 건초더미를 두고 있는 당나귀가 어떤 것을 먹을지 고민하고 망설이다가 굶어 죽었다는 프랑스우화를 예로 들면서 "이것이냐 저것이냐 선택을 해야 한다. '한 가운데'란 물리적인 거리로서 중간지점이 아니라 삶의 깊은 곳으로 뛰어들어야 한다."는 것이다. 그러나 동시에 그는 현대인에게는 물리적인 '한 가운데'를 의미하는 경향도 분명히 있다고 현대인의 아노미증상 같은 심리적 특징을 지적했던 것으로 기억된다. '뷔르당의 당나귀'는 우유부단하고 결단하지 못하는 것을 비유하는 것이었는데 바로 나를 염두에 두고 하는 말 같았다. 근본적으로 결단해야함에도 불구하고 현실적으로 그렇게 하지 못하는 그것은 당시 나의 실존이었던 것이다. '뷔르당의 당나귀'를 통해 당시에 현실정치에 저항하지 못하고 나약함 속에 안주하거나 행동으로 나가지 못하고 갈등하는 사람들에게 자괴감을 떨치도록 위안해주는 것이 아니었는지 모르겠다. 어쨌든 그의 소설은 정치적 갈등이나 정치문제가 주제가 아니지만 나에게는 사회의 정치현상에 눈을 떠가는 과정에서 존재론적 결단을 하지 않으면 않된다는 강박의식 같은 것이 있었다. 나 역시 한창 젊은 청년시절로서 독재에 맞서지 못하는 자괴감이 있었고 우유부단함에서 나는 전형적인 '뷔르당의 당나귀'가 아니었나 싶은 것이다. '이것이냐 저것이냐'를 선택하지 못하는 나 자신을 현대인의 일반적인 특성이라고 하는 심리적 아노미증상군으로 합리화하고 있었던 것이다. 나의 의식은 분명 어느 편에 서 있지만 그것을 들어내지 못하는 소심함과 행동으로 나가지 못하는 우유부단함으로 '한 가운데'에 서 있는 것이다. 어느 입장을 취하지 못하는 '한 가운데' 혹은 주변인과 같은 처신 역시 분명한 하나의 행동패턴이 된다는 것은 지금은 관심자체가 되지도 못하겠지만, 특정한 시기, 예를 들면 위기의 순간 혹은 변혁의 순간과 같은 결단이 요구되는 상황에서 오히려 아이러니하게 그런 선택 아닌 선택이 빈번할 수 있고 그런 심리상태를 이해할 때 '한 가운데'라는 우유부단함도 하나의 분명한 선택행위로서 남는다는 것이다. 나에게는 당시에 민주주의를 갈망했던 사람들에게 '생의 한가운데'는 군부독재에 반대하는 것이고 독재 권력에 대항하는 것이었다. 나의 '한 가운데'는 늘 마음에 부채로 남아있었다. 1987년 5월 "호헌철패 대전대학 교수 시국선언"에의 참여는 늦게나마 그 빚을 갚는 의식이었던 셈이다.

- 이 글은 2015년 2월 〈정년퇴임기념 논문집〉에 실린 나의 글 '하나의 가설 - 내가 살아온 길'의 일부분을 발췌한 것이다.

Part 2

다른 이들이 알아주지 않아도

일기

편지

동시 · 시

산문

독후감

Part 2. '다른 이들이 알아주지 않아도'는 학이편의 人不知而不慍 不亦君子乎(인부지이불온 불역군자호)의 앞부분을 취해서 제목으로 삼았다. 여기에서는 주로 두 딸의 어린 시절의 일기, 편지, 독후감, 시 등을 실었다. 제목이 암시하듯이 다른 사람들이 주목하지 않아도 게으르지 않고 노력할 뿐이라는 의미를 담았다.

경희의 작은아들 남호(초등 1년)의 그림

경희의 큰아들 남윤(초등 1년 때)의 그림

김경희의 초등학교 1학년 때 겨울방학 중의 그림일기이다.
날짜는 1987년 12월 31일 수요일이다. 서울에서 할머니와 작은집 가족이 내려와 사촌동생들과 재미있게 놀았다는 내용이다.

경희의 초등학교 시절 일기

일기

1987년 1월 1일 목요일

오늘은 설날이어서 아침에 차례를 지냈다. 차례를 지낸 다음 할머니께 세배를 하고 큰 아빠 작은 아빠 한테도 했다. 세뱃돈을 많이 타니 좋았다. 그리고 배고파서 아침을 먹었다.

1987년 1월 12일 월요일

오늘은 할머니 생신이었다. 동생과 나는 할머니께 생일 노래를 불러드렸다. 엄마가 만드신 음식을 먹으니 참 맛있었다. 오늘은 눈이 많이 와서 신나게 눈싸움을 했다. 그리고 오늘은 참 즐거웠다.

1987년 1월 26일 월요일

오늘 낮에 영순이와 나와 동생하고 놀았다. 그런데 영순이와 나는 싸웠다. 엄마는 군고구마를 사다 주시면서 화해를 하라고 하셨다. 화해를 하니까 좋았다. 웃으면서 군고구마를 먹었다.

1987년 9월 15일 화요일

오늘은 운동회 날이었다. 엄마는 6시부터 음식을 만드셨다. 김밥이 맛있었다. 운동회가 열렸다. 나는 연습할 때와 똑같이 3등을 했다. 근대 1등을 많이 했던 정태선이 4등을 했다. 참 이상했다. 내가 춤을 추는데 아빠가 경희가 제일 잘 춘다고 하셨다. 기분의 좋았다. 점심시간에는 음식이 너무 맛있었다. 근대 얼굴과 다리가 너무 탔다고 엄마 아빠가 그러셨다. 오늘은 너무너무 힘들었다.

1988년 2월 29일 월요일

오늘은 내가 3학년 1반이 되어서 기쁘다. 하지만 친구들과 헤어져서 섭섭했다. 내 동생 명희는 1학년이 된다. 그래서 입학을 한다고 외할머니가 옷도 사주셨다. 나는 입학할 때 가방만 선물로 주었다. 조금은 화가 났다.

1988년 3월 20일 일요일

오늘 아침 일찍 일어나니 아빠 엄마가 산에 가자고 말씀 하셨다. 나는 너무 좋았다. 빨리 준비를 하고 갔다. 표를 끝고 높이 올라갔다. 다리가 아팠다. 두 번을 쉬고 계속 올라갔다. 나무에 새로난 새싹이 보였다. 신기했다. 거기서 점심을 차려서 먹었다. 산에서 먹으니 너무 맛있었다. 점심을 먹고 돌을 밟으며 놀기도 하였다.

큰 나무가 넘어져있는 것을 보았다. 아빠는 여름에 비가 많이와서 그렇게 되었다고 말씀하셨다.

1988년 3월 31일 목요일

집에 와보니 엄마가 안계셔서 아랫집에 열쇠가 있나 물으니 있다고 해서 문을 따고 들어가니 명희가 있었다. 명희가 배가 고프다고 해서 보니 밥도 있고 반찬도 있다. 소세지가 조금이어서 더 꺼내어 튀겨서 먹었다. 가스렌지 만지는 것은 쉬웠다.

다 먹고 피아노를 치니깐 2시쯤 되었다. 명희가 우리 빵 사먹자고 하여 사갖고 와서 소세지 튀겼던 곳에 기름이 많이있어 거기다 튀겼다. 한번은 잘 구워졌는데 두 번째에서는 잘 구워지더니 기름이 없어진것도 모르고 그냥 구웠다. 그래서 가스렌지를 끄고 보니 후라이펜이 탓다. 그래서 차가운 물에 담그니 연기가 수없이 나서 얼른 가스렌지에 놓았다. 나는 이제부터 함부로 사용하지 않겠다.

1988년 4월 15일 금요일

오늘은 내 동생 생일이다. 근데 동생 생일과 내 생일을 한꺼번에 했다. 김연정, 오주희, 정혜진을 초대했다. 맛있는 음식을 먹고 고무줄을 하고 놀았다. 동생친구들은 놀이터에서 놀았다. 연정이와 주희, 혜진이는 4시에 가야하기 때문에 조금밖에 못 놀았다. 또 저녁에는 민경이 언니, 영산이, 소명이, 수연이 아줌마, 서예쓰는 선생님의 부인, 딸 아들이 왔다. 밤에는 귀신장난을 하고 놀았다. 땀이 뻘뻘 났다. 비디오도 보여주었다. 이날은 잊지 못할 정도로 즐거웠다. 그리고 나와 명희는 생일 선물도 많이 받았다.

1988년 12월 10일 토요일

서울에서 수온이네 식구들이 태준이네로 와서 거기로 갔다. 나는 아이들을 만나서 기뻤다. 또 내가 대상을 탔다는 것을 서울에서도 알았다고 한다. '그게 그렇게 큰 상인가?' 나는 그렇게 생각했다. 그 대상이 나한테 기쁨을 주는 것 같다.

1989년 11월 17일 금요일

'아, 눈앞이 캄캄하구나.' 시험지 한 장. 원수처럼 느껴지는 시험지 한 장을 볼 때 마다 마음을 꼭꼭 찌른다. 이 시험지의 점수는 잘하겠다는 결심과 싸워서 지고 만 것이다. '나는 기대가 컸는데 …….'

나는 한발 한발 걸으며 무서운 엄마 아빠 모습이 눈앞에 어른 거렸다. 나는 머리를 때리며 왜 이런 걸 틀리나 생각해 보았다.

엄마께서는 말로 "몇 개 틀렸니?" 나는 사실대로 말하였다. 엄마는 얼굴을 찌푸리며 용서하여 주셨다. 나는 절로 눈물이 나왔다. 아빠가 걱정이었다. 내 동생은 싱글벙글 웃으며 2개 틀렸다고 자랑을 한다. 나는 동생이 얄미워졌다. 이젠 내가 시험을 왜 못 보았는지 알았고 엄마는 다음에는 꼭 잘하라고 하셨다.

1989년 12월 25일 월요일

어제 작은 아빠 집에서 잔 우리는 오늘도 오후까지 친척들과 재미있게 놀았다. 하지만 금방 헤어졌다. 섭섭했다. 우리 식구는 백화점 구경을 하였다. 사람이 너무 너무 많았다. 거기서 고기를 사고 스위스그랜드 호텔로 갔다. 거기서 목사님을 만나기로 하였다. 수도교회 목사님인데 엄마 아빠가 그 교회에서 결혼식도 하였고 내가 5살 때까지 다녔던 교회다. 어른들은 얘기만 하고 있다. 따분하였다.

1990년 1월 4일 목요일

오늘 왕 할머니 집에 갔다. 혼자서 우리를 기다리는 왕 할머니께 군고구마를 사가지고 갔다. 왕 할머니는 군고구마를 제일 좋아하신다. 우리가 한 개 먹는데 두 개나 드셨다. 왕 할머니가 누구시냐면 외할아버지의 어머니이시다. 우리는 손자의 딸인 셈이다. 혼자 방에서 쓸쓸히 누워 계신 왕 할머니께서는 우리가 오면 굉장히 좋아하신다. 나와 명희는 왕 할머니를 무척 좋아한다.

1990년 3월 25일 일요일

교회에 갔다. 성가대가 앉는 자리에 앉아 하느님이란 노래를 부르고 또 여러 가지 노래를 불렀다. 하지만 나는 별로 노래를 못하지만 충실히 불렀다. 즐거운 노래와 예수님, 하느님의 이야기를 들으니 참 즐거웠다. 교회는 즐겁다.

1990년 10월 24일 수요일

오늘은 전학 가는 날이다. 5학년 4반이었다. 많은 친구들이 반가워해주었다. 무척 기뻤다. 친구들은 학교구경을 시켜주었다. 조금 오래 되었을 뿐 멋진 학교였다. 연못 등 학교시설이 정말 멋졌다. 친구들과 더욱 정이 들었으면 좋겠다. 코오롱 아파트에 같이 사는 친구들도 사귀게 되었다. 친절한 친구였다. 하루 빨리 친구들과 선생님과 학교가 익숙해졌으면 좋겠다.

명희의 초등학교 시절 일기

1990년 7월 30일 월요일

나는 오늘 TV에서 쓰레기로 오염되어가는 강과 바다를 보았다. 깡통, 빈병 등 더러운 쓰레기들이 산과 바다를 오염시키고 있다. 바다에서는 물고기가 죽고 있다. 우리는 언제 쓰레기 하나 없는 아름다운 나라에서 살까? 뉴스에서도 쓰레기가 너무 많아서 이대로 계속 쓰레기만 버린다면 쓰레기로 덮일 수 있다고 한다. 그렇게 되면 쓰레기로 오염된 나라가 된다. 사람들은 나 하나쯤 쓰레기를 버려도 되겠지 하는 생각을 한다. 그 나쁜 생각은 언제 바뀔까? 사람들은 이 세상이 얼마나 좋은지 모른다.

1990년 8월 23일 목요일

오늘 아빠한테 야단맞았다. 내가 만화책을 보고 있는데 만화책에 수수께끼가 나오길래 아빠한테 물어봤더니 아빠가 답을 맞췄다. 거기에 이유가 있길래 읽을려고 하는데 언니가 자기가 읽겠다고 가져갔다. 나도 읽고싶어 언니가 읽고있는 책을 빼앗았다. 그래서 싸움이 되었다. 언니한테 진심으로 미안하다. 언니는 이 일기를 보면 웃기고 자빠졌네 하고 그랬을 거다. 언니는 나를 싫어하기 때문이다.

1991년 8월 8일 목요일 맑음

언니와 나는 엄마가 사주신 산수문제집을 푼다. 벌써 반은 다했다. 근데 엄마가 오늘 10개 틀리면 1000원을 주신다고 말씀하셨다. 마침 그때 나눗셈을 하고 있었다. 계속하다 보니까 10개쯤 틀릴것 같았다. 나는 엄마보고 빨리 점수를 매겨 달라고 하였다. 점수를 매겨보니 10개가 넘는 것이었다. 근데 언니는 딱 10개가 틀렸다. 그래서 언니는 1000원을 받았다. 나는 언니가 부러웠다.

1991년 8월 15일 목요일 맑음

오늘 우리가족 모두 수영장에 갔다. 난 수영을 오랜만에 했다. 난 자유형과 배영을 조금한다. 언니가 옛날에 내가 배영하는 것을 보고 개수영하냐고 놀렸다. 나는 개수영인지 고양이 수영인지 수영은 똑같은 수영인데 하고 그냥 수영을 했다. 나는 배영은 물에 뜨기만 하지 가진 못했다. 가면 푹 가라앉아서 물만 먹었다. 그런데 오늘 배영을 해 봤더니 가는 것이었다. 언니가 배영 폼이 난다고 하였다. 난 기분이 좋았다.

1991년 9월 2일 월요일 흐림

요새 선생님이 달라지셨다. 1학기 때는 아이들과 어울려 동화도 들려주셨는데 이제는 안그러신다. 그래서 마음놓고 공부할 수가 없다. 내가 이 이야기를 엄마한테 말했더니 시험을 하도 못 봐서 그러시는 것이라고 말씀하셨다. '나는 1학기 때의 선생님이 좋은데.'

1991년 9월 4일 수요일 흐림

학교에서 돌아오니까 아빠께서 테이프를 틀어주셨다. 우리들이 옛날에 녹음한 것이라고 하셨다. 나는 기뻤다. 왜냐면 평소에 아빠는 나를 주어온 딸이라고 한다. 그래서 오늘 그것을 알 수 있겠구나 하고 생각했다. 하지만 실망이 커졌다. 내 목소리는 안 나오고 언니 목소리만 나오는 것이다.

1991년 9월 7일 토요일 맑음

오늘 할머니집에 갔다. 나는 무척 기뻤다. 첫째는 텔레비전을 볼 수 있다는 것이고 둘째는 할머니와 자는 것이다. 할머니는 댕기도 사주셨고 주머니도 만드셨다. 그래서 할머니가 좋다.

1991년 10월 20일 일요일

오늘 피아노 콩클대회에 나갔다. 비록 연습은 안했어도 경험으로 나갔다. 나간다고 생각하면 가슴이 뛰고 가만이 있으면 안뛴다. 나는 12번이었다. 피아노 한번 칠때마다 나는 깜짝 놀랐다. 너무 잘 치기 때문이었다. 내 차례가 되었다. 나는 망쳤다. 긴장을 해서 틀리고 박자도 틀렸다. 다음부터 잘 치겠다.

1991년 12월 8일 일요일

오늘은 아빠의 생신이었다. 교회 갔다 오니까 친척인 작은 아빠네가 와 계셨다. 케이크도 사오셨다. 우리는 아빠 선물로 양말을 선물해 드렸다. 케이크는 참 맛있었다. 근데 아빠 생신이지만 내가 더 기뻤다.

1991년 12월 25일 수요일

크리스마스 1년 중 가장 기다리는 날 일거다. 나는 잠을 설쳤다. 그 이유는 머리 위에 선물이 있을까하는 생각 때문이었다. 사실 난

싼타클로스 할아버지가 안계시다는 것을 알고 있다. 한 7시. 엄마가 들어오시더니 선물을 놓고 가셨다. 난 일부러 자는 척을 했다. 그래서 인지 별로 반갑지 않았다.

1992년 2월 5일 수요일

오늘 산에 갔다. 아침 6시에 일어나 옷입고 버스타고 공주 갑사에 갔다. 아침을 먹은 뒤 산으로 올라갔다. 열심히 가니까 금잔디고개 또 발목이 아파도 참고 가서 남매 탑 사람들이 어디서 왔냐고 해서 갑사에서 왔다니까 대단하다고 칭찬해 주셨다.

1992년 3월 2일 월요일

이젠 나는 어엿한 5학년이 되었다. 새 교실, 새 학교였지만 좀 섭섭하다. 선생님, 친구들과 헤어졌다고 생각했더니 눈물이 나올 것 같았다. 난 5학년 5반이 되었다. 아는 애들은 여자만 나 말고 아는 애들이 없었다. 낯선 아이들 낯선 선생님을 보니까 4학년 때 같은 반 아이들이 그리워졌다. 하지만 곳 아이들과 정이 들겠지.

1992년 3월 25일 수요일

오늘 아침에 일어나자 아빠가 나와서 뉴스를 보라고 하셨다. 그래서 마루에 나가보니 선거에 대한 뉴스였다. 우리 서구는 이재환씨가 되었다. 난 2번이 될 거라고 믿었다. 그런데 뜻밖에 이재환씨가 되었다. 하지만 더 놀란건 이순재씨, 이주일씨, 김동길씨도 국회의원이 되었다는 거다. 모든 사람들이 열심히 일해 주었으면 한다.

1992년 4월 29일 수요일

오늘 학교에서 3째 시간 때쯤 방송이 나왔다. 그 내용은 5월 1일날 소풍을 간다는 내용이었다. 아이들이 너무 기뻐 소리를 질렀다. 바로 내일 모레다. 더구나 장소가 국립묘지와 자연학습원이다. 내가 1학년 입학해서 그런데로 소풍가는 건 처음이라 그런지 너무 기뻤다. 빨리 내일 모레가 다가왔으면 좋겠다.

1992년 5월 6일 수요일

학교에서 수업이 일찍 끝나서 기분좋게 집에 왔다. 초인종을 눌러도 아무도 안 받았다. 그래서 경비실에 가서 열쇠를 받으려고 했지만 없다고 한다. 뭘 사먹으려고 해도 돈이 없고 그래서 정처없는 방황을 했다. 이곳 저곳 다녀서인지 다리가 아팠다. '이젠 엄마가 왔겠지'하며 시계를 봤더니 1시간 반이나 걸었다. 집에 가보니 아직도 엄마는 오지 않았다. '엄마 내가 말썽 안부릴께 제발 빨리와'

1992년 7월 12일 일요일

오늘 언니가 대단히 화가 나 있었다. 오랜만에 시험이 끝났다며 오늘 엄마와 쇼핑가기로 하였다. 그런데 엄마가 오늘이 식사 당번이어서 좀 늦게 오셨다. 언니는 지금 어떻게 쇼핑을 가냐고 화를 냈다. 결국 언니는 엄마, 아빠한테 야단을 맞았다. 정말 고소하였다.

1992년 9월 11일 금요일

오늘은 추석날이다. 정말 대단한 명절이 아닐 수 없었다. 온 가족이 차례를 지낸 다음 성묘를 갔다. 가는 도중에 차가 너무 막혀 30분쯤 서 있었다. 겨우 할아버지 산소에 도착했다. 절을 한 다음 작은 아버지 분들은 산소의 풀을 벤다고 하셔서 나는 언니, 오빠, 동생들과 함께 산에서 내려와 강가에서 놀았다. 주원이와 나는 강가에서 다슬기를 땄다. 콜라병 반쯤 채웠다. 즐겁게 놀다가 아쉽게 돌아왔다. 정말 즐거운 하루였다.

1992년 9월 22일 화요일

오늘 학교에서 운동회 하느라고 힘들다고 일찍 끝났다. 그래서 나는 일찍 돌아와서 책상 정리를 하였다. 책상에는 필요없는 것 밖에 없었다. 그래서 1시간이나 걸렸다. 다하고 나니 기분이 상쾌하였다. 내 책상 같지도 않았다. 앞으로는 책상정리를 자주하여야겠다.

1992년 11월 28일 토요일

오늘은 내가 태어나서 지옥같은 날이었다. 그 이유는 엄마가 미술학원에 안가는 대신 합창단에 들라고 하셨기 때문이다. 나는 반대였지만 엄마 아빠가 가라고 하셨다. 결국 내가 이겼는데 합창단 지휘자라는 분이 전화를 걸어와 나오라고 하셨다. 나는 이것저것 핑계를 댔지만 나오라고 하셔서 결국 나가게 되었다. 선발하는데 아이들 모두 잘 불러서 좀 창피하였다. 하지만 다음에는 안 가면 되기 때문에 그냥 앉아 있었다. 그렇지만 나의 수줍음에 대해 반성하여야겠다.

김웅락의 일기

1977. 2. 1 화요일

종교는 지혜와 빛의 원천이 될 수 있는 반면에 과오의 원천이 될 수도 있다. 종교의 본래의 역할은 시인하는 것이 아니라 의문을 제기하는 것이며, 절대로 확실하다는 생각이 아니라 겸손한 마음을 가르쳐주는 일이다. 실로 최악의 부패는 부패한 종교이다.

라인홀트 니버는 예언자적 종교의 위대한 교훈이란 '인간의 온갖 이상들이 얼마나 상대적인 것인가'를 드러내 주는 일이라고 했다. 절대론에 대해서 그는 인간의 미래에 대한 모든 전망이 상대적이라는 점과 아울러 자신의 의견에 대해서 절대적 타당성을 주장하는 것과 신의 말을 절대적으로 주장하는 모든 사람들의 죄악성을 강조하였다. '종교는 바로 그것이 상대적인 가치의 영역에 절대성을 도입하기 때문에 정치생활에 있어서 그처럼 자주 혼란의 원천이 되고 또한 그처럼 자주 민주주의 체제에 대한 위험한 존재가 되고 있다'는 것이다.

그는 '그 밖의 모든 사회적 및 정치적 권리나 원리에 대해서처럼, 자유의 문제에 대해서도 상대주의적 입장에 크게 공명하고 있다'고 선언하였다.

니버는 자본주의를 기독교의 진리와 동일시하려한다든지 공산주의의 침략에 대한 필요한 실용주의적 저항을 공산주의에 대한 성전으로 전환시키려는 기도에 용감히 반대하였다.

낙관주의라는 환상에 너무나 많은 것을 걸고 있는 문화는 전체주의 정부와 그들 국가가 벌리고 있는 총력전이 지배하고 있는 시대에 처하여 당황하고 비탄에 빠지게 된다. 말하자면 역사는 그 창도자를 배반했던 셈이다. 패배주의와 절망은 그처럼 크나큰 배반(환멸)에 대한 하나의 자연스러운 반발이었는지 모른다. 적어도 정치세계에서는 낙관주의를 이어나갈 수 있도록 해 왔다고 하더라도, 적어도 철학의 세계에서는 패배주의와 절망은 하나의 자연스러운 반발이었다.

(슐레진저 차기벽역 1972 〈희망의 정치〉를 읽고 몇 대목을 쓰다)

1977. 3.17 금요일

남에게 관용을 베풀고 용서를 한다는 것 그것은 자신의 확실한 의지에서만 가능하다. 내가 허약할 때의 관용은 그것이 관용이 아니고 자기 기만적이거나 열등의식에서 생겨나는 것 같다. 허약함이란 의지와 용기의 결여를 말한다.

용서를 모르는 경직된 사람들이 실상에 있어서는 얼마나 나약한 사람들인가. 반면에 벌해야할 사람을 벌하지 못하는 사람은 또 얼마나 나약한 사람들인가.

법을 잘 운용한다함은 법이 만들어지는 사회와 그 사회의 상황에서 의미있게 집행되는 것이다. 법에는 예외의 규정을 두지 않으니 '용서의 법'이란 그 사회에서 예외를 말함이 아니라 법 자체의 적절한 적용을 말한다. 그러니 법은 그 적용에 있어서 용서와 관용의 의미가 내포되어 있는 것이다. 법 적용에 있어서 관용이 없다면 이미 그 사회는 곤란한 지경에 처해 있다고 할 수 있다. 반면에 원칙없는 관용은 아무런 의미를 살릴 수 없기는 마찬가지일 것이다.

나에게 약점이 많을 때 그것을 감추기 위해서 강경해 질 수 있고 또는 될대로 되라고 철저히 무관심에 빠져 결국 난감한 지경에 다다를 수 있을 것이다.

마땅히 벌을 받아야 할 사람을 감싸고 두둔하는 것은 무슨 이유에서 일까? 종교적 관념인가 소박한 동정심인가. 아니면 내 자신 남을 벌할 수 없을 만큼 약한 인간이 되어서인가? 마땅이 벌을 받아야 할 사안에 대해 다른 사람이 감싸고 두둔하는 것을 보고 스스로 무력감에 빠져 도망치는 것인가. 감정적으로 죄를 다스릴 수는 없다. 내 자신이 약해서 결단을 못내리고 결국은 우물쭈물 넘어가 버려서도 안된다.

용서의 의지가 중요하다. 단죄의 의지가 중요하다. 용서, 단죄의 의지는 모두 용기있는 삶에서 나온다. 결국은 용기와 자신의 문제인 것 같다.

(군복무시절 당직 근무 중 발생한 절도 사건에 대해 당일 근무책임자로서 조서를 작성하면서 느낀 갈등을 쓰다.)

2007년 8월 11일 토요일

오전 7시35분 아기가 세상에 태어나 첫소리를 내다. 서울 강남 차병원 수술실(분만실) 주치의는 계정웅 박사. 그는 28년 전(1979. 4. 10) 아내의 첫출산 경희를 받은 그 의사이다. 오늘 때는 황금돼지해(기미년), 한 여름날 아침 시간 돼지는 늘어지게 잠을 자고 깨어나 아침식사를 하고 편안하게 하루를 시작하는 시간이다.

주님의 은총과 축복을 하나 가득 받으면서 세상에 태어난 아기에게 큰 영광이 있기를 기원한다.

2009년 4월 24일 금요일

이곳 심천에 온 후에 마음이 바쁘고 편안하지 못했다. 중국생활에 적응하는 문제이지만 와서 보니 내가 나이가 많이 먹었구나하는 생각이 들었다. 적응기간이 길어진다는 것과 멀리 떨어져 있으니 마음과 몸이 평소와 같지 않고 괜한 걱정거리가 많아졌다는 것이 그렇다.

사실 강의가 걱정이다. 중국말 한마디 못하면서 강의를 진행한다는 것이 웬만한 배짱으로는 되지 않을 것이었다. 물론 배짱으로 강의하는 것은 아니지만 어쨌든 언어 소통이 전혀 안되면서 강의를 시작하려고 했을 때 정말 끔찍했다. 지금은 2달 정도 지나 조금 나아졌지만, 아침에 일어나면 소리 내어 기도하고 오후가 되어 강의시간이 다가오면 큰 소리로 찬송가를 불렀다. 큰 힘이 되었다. 그렇게 하면서 지금이 되었다. 누구에게 의지하지 않고 부담되지 않으려고 혼신의 힘을 쏟았다.

영어를 갑자기 쓰려니 적절한 단어도 떠오르지 않는 경우도 많다. 쉽게 쓰려고 했고 정확히 쓰려고 해서 미리 영어로 할 말을 다 써보았다. 고치고 강의안을 만들고 외우고 나면 오후 강의시간이 된다. 학생들은 매우 호의적이었다. 한국에 호의적이었고 나에게 호의적이었다. 1/3은 나의 영어강의에 힘들어 하고 1/3은 적응하면서 잘 따라오고 또 1/3은 매우 열심히 하고 잘했다. 영어전공인 한 학생이 맨 앞에 앉아 열심히 관심을 보이는데 나의 영어가 어색하고 잘못된 영어가 아닌지 의심이 들었던 것 같다. 어느 날 한국인 학생과 같이 들어왔다. 그 한국인 학생은 같은 영어과 친구였고 그가 나의 강의에 대해 평해주었다. 영어교수이시냐고 물었고 강의 잘하시는데 강의 진행이 좀 빠른 편이라서 어려워하는 것 같다고 했다. 도움이 되는 조언이었다. 그 후 강의진행을 조절했다. 최선을 다하게 되고 하루하루가 부담이 되었지만 학생들 만나는 것이 즐겁고 행복했다.

명희의 편지

편지

사랑하는 우리가족 보세요.

사실 크리스마스 전에 이 카드를 보내려고 했는데 아무래도 그건 힘들 것 같고^^; 새해 전에 받았씀 좋겠는데……. 다 명희가 방학 내내 게으름피우다가 이렇게 되었네요. 한국은 많이 춥다고 하던데 이곳 센디에고는 따뜻해요. 크리스마스 시즌인 것두 실감도 못 느끼겠어요. 몰에 사람들이 바글 바글한 것 빼구요. 부자나라여서 그런지 돈들이 정말 많다는 것을 새삼느껴요.

이번에 끝난 가을학기가 좀 힘들어서 방학한 이후에 쉬고 있어요. 그래야 힘을 내서 봄 학기를 할 수 있겠어요. 성적은 오르지 않았지만 이제야 적응이 되었는지 지루하지 않게 공부하고 있어요. 근데 제가 뒷심이 부족한지 파이널때 잘못봐서 만족할만한 grade는 받지 못했지만 그래도 제가 만족할 만큼 많은 것을 배워서 기분이 좋아요. 이제야 제 전공에 대해서 깊이 배우는것 같고요. 이걸 탄력 받아서 winter, spring quarter 때도 재미있게 공부할 게요.

금년 한 해도 다 끝났어요. 새해가 된지 얼마 안된 것 같은데 벌써 2006년이 되어 가네요. 제가 센디에고에 온게 엊그제 같고. 2006년에는 달라지는 일이 많을것 같아요. 드디어 제가 졸업을 하게 되고 그리고 언니도 졸업하고…. 좋은일만 있는 한해가 되었으면 좋겠어요. 우리 가족 건강하고 행복한 한해 말이예요. 이번에 엄마 아빠 여기에 오실거라고 기대했는데 그렇게 안되어서 무척 서운하지만 그래도 곧 만날거니까 전 괜찮아요.

크리스마스가 끝나고 새해가 오면 저도 곧 개학하고 바빠질 것 같아요. 다음 학기에 5과목정도 들어야 될것 같아요. 그래야 무사 졸업이어서^^. 엄마 아빠 언니도 크리스마스 즐겁게 그리고 새해 복 많이 받으세용^^ ^^. 엄마 아빠 언니 새해 복 많이 받으세요.

Happy New Year.

2005. 12. 21. 센디에고에서 명희 올림

경희의 편지

Dear 아빠 ~

메리크리스마스! 이번 크리스마스는 중국에서 오는 미세먼지 때문에 산타가 잘 올지 걱정되는 날이예요. 그래도 아이들은 선물 받을 생각에 들떠 있어요. 어제는 유치원에서 미리 선물을 받아온 남호를 보고 서운해서 남윤이가 울음을 터 트렸어요. 그 모습이 어찌나 귀여운지……. 이제 10살이 되는데 말이죠.

아빠! 항상 건강하시고 내년 크리스마스 때는 모두 함께 보낼 수 있도록 할께요. 우리를 위해 오신 예수님의 탄생을 축하하고 감사하며…….

다시 한번 메리크리스마스!

2015. 12. 25. 사랑하는 경희드림

메리크리스마스!!

엄마~ 올 한해도 정말 정말 수고 많으셨어요. 엄마 덕분에 두 딸들은 편하게 잘 지낸것 같아요. 내년에는 엄마 건강의 해로 정해서 손자들은 저에게 좀 넘기시고 운동으로 다시 건강해져요!! 항상 감사하고 사랑해요.

이번 크리스마스 손자들 없는 집에서 편히 지내시고 내년부터는 같이 지내요~^^

예수님의 탄생을 축하하며…….

2015. 12. 25. 사랑스런 경희드림

부모님께

김경희

아빠, 엄마, 평안하신지요? 저는 종종 부모님을 생각하며 밤에 잠 들 때가 있어요. 그때 마다 이런 내 마음을 글로 적어놓으면 좋겠다는 생각을 했었는데 게으른 탓에 실천이 어렵네요. 이제부터라도 이런 마음을 짧게라도 글로 써놓아야 겠다는 생각이 드는 것은 세월의 흐름이 점점 빨라진다고 느껴져서 그런 거 같아요. 제가 결혼한 지 벌써 10년이 되었어요. 그동안 참 많은 일이 있었고 그 일을 잘 견디고 긍정적으로 살아갈 수 있었던 것은 엄마, 아빠의 사랑과 관심 덕에 가능 했던 거 같아요.

제가 어렵고 힘들어 할 때면 아빠는 어김없이 나의 마음을 훤히 보시고 용기와 지혜를 주셨어요. 그중 제일 먼저 생각나는 것은 몇 해 전 하신 말씀중 지금의 너의 시련이 나중에 볼 때 아무것도 아닐 수 있다는 것이에요. 그 말씀에 저는 그만 정신이 멍해졌지요. 처음에는 그런 말씀을 하시는 아빠가 어떻게 저렇게 끔찍한 말씀을 하실 수 있을까? 아빠는 그런 시련을 겪으셨던 적이 있으셨나? 하고 섭섭하기도 하고 화가 나기도 했었어요. 이런 말은 나에게 전혀 위로가 되지 않는데 말이에요. 그런데 이상하게도 그 말씀이 내 머릿속에서 떠나질 않았고 그 말이 저를 강하게 만들고 있다는 걸 깨달았어요.

그 당시 저는 내가 가장 불행하고 그 불행하다는 생각이 나의 생활을 지배해 버렸고 남편과의 잦은 다툼으로 아이들에게 상처를 주고 있었던 것 같아요. 아빠는 원망과 불만족에 휩싸여 힘들어 하는 딸이 이해도 가지만 앞날이 더 걱정스러우셨던 거 같아요. 또한 살다 보면 이러한 시련은 뜻하지 않은 곳에서 더 강하게 닥칠 수도 있다는 경험에서 비롯하여 말씀하신 듯해요. 가장으로서 길바닥에 내몰린 가족을 책임져야했던 아빠의 절박함과 그 고뇌를 생각하니 가슴이 너무 아프지만 한편으로는 그럼에도 불구하고 힘든 내색하지 않으시고 항상 즐겁게 사랑하며 열정적으로 그 시련을 극복한 아빠가 대단하고 존경스러워요.

하지만 아빠의 그 말씀은 나에게 이보다 더한 시련은 있을 수 없다고 생각했기에 큰 충격 이였지요. 나에게 이보다 더 심한 시련이 있다고? 순간 정신이 번쩍 들었어요. 그럴 수 있다고 생각이 들면서 아빠, 엄마와 같이 이제는 이 상황을 극복해야겠다고 다짐을 했어요.

예전에 친한 지인에게서 저의 얼굴을 보고 무슨 걱정 있는 사람 같다는 말을 들은 적이 있었는데 이제는 걱정 있는 얼굴이 아닌 강인함이 있는 얼굴을 가져야겠다고 생각하며 살고 있어요.

그리고 그 말씀과 비슷한 시기에 야무지게 살라는 말씀을 하셨는데 그 말씀도 처음엔 막연히 학업 성적을 엉망으로 받은 열등감가진 학생처럼 무슨 말씀인지 모르면서도 되묻지 않았어요. 곧 아내로서, 엄마로서, 학부모로서, 친구로서 고집스럽고 끈질긴 모습을 보여주고 그러기위해서 부지런하고 적극적인 삶을 살라는 말씀이라는 걸 알고 부끄러웠어요. 그때 아빠도 엄마를 본보기로 말씀하셨듯이 엄마를 생각해보면 참 고집스럽고 끈질기셨던 것 같아요. 하루에 4장씩하는 수학연산 문제집을 한주도 빼놓지 않고 1주일 치를 밀려서 하는 딸에게 수년을 끈질기게 하도록 시키셨고 하루도 빼놓지 않고 아침밥을 차려주시고 가계부를 쓰시고, 자신의 체력보다 2배 더 노력하는 모습을 딸들에게 보여주셨어요. 또한 생활이 어려움에 닥쳤을 때 대학 들어간 딸에게는 새 옷을 사주시고 제가 중, 고등학생 때 신었던 신발과 옷만을 수년간 신고 입으셨던 모습을 아직도 기억해요. 하지만 전혀 위축된 기색없이 교회생활도 적극적으로 하시고 딸들에게 밝은 모습을 보여주셨어요.

엄마가 된 저는 하나도 제대로 실천하기 힘든 일이에요. 엄마의 그 끈질긴 고집과 야무짐이 있었기에 우리가 어긋나지 않고 바르게 나아갈 수 있었던 것 같아요.

요즘 저는 이 두 가지 말씀을 생각하며 삶을 바꾸려고 노력중이에요. 하지만 생각을 바꾸는 건 맘처럼 쉽지만은 않아요. 금세 현실과 마주하면 무너지곤 해요. 그럴 때면 자연히 부모님의 모습을 다시 생각하게 되는 것 같아요. 어떠한 상황에서도 흔들림 없이 일관된 모습을 보여주셨고 어려웠던 그 시절을 끈질기게 인내함으로서 극복하셨음에 감탄하며 닮아가려고 해요. 언젠간 닮아있겠죠?

아빠, 엄마, 항상 잘 살고 있는지 지켜봐 주세요. 지금처럼 오래도록 말씀해 주세요. 그리고 항상 저의 곁에 계셔주셔서 감사합니다.

- 2016년 5월 어버이날

엄마가 명희에게 쓴 편지

사랑하는 명희야!

어저께는 급한 마음에 소포부터 부쳤단다. 글 한자 써 넣지도 못하고 또 박스도 채우지 못하고 우선 화장품을 보냈다. 항상 보고 싶은 마음. 항상 우리 집이 한 군데 허전하여 텅 빈것 같은 마음. 항상 불완전한 것 같은 마음으로 지내고 있단다. 오늘 아빠에게 보낸 성적표 보고 엄마는 만족했단다. 물론 평점은 다소 아쉬운 점 있지만 한 과목 한 과목 성실히 했을 명희를 생각하니 눈물이 앞을 가린다.

코오롱 아파트에서 명희가 초등학교 다닐 때 엄마는 참 대견했단다. 공부도 잘하고, 점수가 잘 나와 씩 웃음이 나왔다는 명희 말에, 정말 열심히 하는 명희 모습은 지금도 엄마는 잘할 것 같은 믿음이 참 크단다. 솔직히 말하면 명희는 올 에이 맞을 것 같은 생각이 항상 든단다. 이것은 엄마의 욕심이라는 것 엄마는 알고 있단다. 그래서 열심히만 해주었으면 하는 바램이지. 어제 전화통화로 점심도 못 먹고 다닌다는 말에 마음이 아프단다. 이러면 안되는데 하면서 걱정만 된단다. 여기서 어쩌지도 못해 속상하다. 명희야. 엄마하고 전화할 때 얘기 하는거 너무 신경 쓰지마. 엄마입장에서 성적이야기 할 수 있고 돈 얘기할 수 있는 거잖니. 그래야지 너도 엄마를 알고 나도 너의 생활을 알 수 있는 거란다. 서로 상대방 기분 먼저 생각하고 이 얘기 저 얘기 다 빼면 정말 할 얘기 없는 거란다. 항상 최우선은 건강이다. 그래서 아르바이트도 너무 힘들게는 하지마. 명희야. 명희는 마음이 참 고와서 항상 남부터 생각하는 것이 엄마는 항상 걱정이란다. 항상 자신 먼저 생각하고 아르바이트도 힘들지 않게 해.

엄마는 요사이 작년 9월부터 시작한 수영이 참 재미 있단다. 남들보다 좀 약한 체력이 느껴져 수영을 하면서 가다듬으려 한단다. 그래도 요사이는 많이 나아진 것 같고 자유형 평영 배영 접영, 솔직히 접영은 25미터 다 못 간단다. 중간쯤 가다 힘들어 서곤 하지만 다른 것들은 왕복하면서 운동을 즐기면서 마음 한 군데 허전함을 달래곤 한단다. 지금은 저녁 8시 30분 아빠는 초등학교 동창회, 언니는 연구소에 갔다 영어 공부하고 열시쯤 들어오니 엄마혼자 이렇게 있단다. 명희에게 편지 쓸수 있는 시간은 많은데 편지보다는 항상 전화가 앞선다. 언니 학교 문제가 걱정이지만 하루 하루 지나면서 여기에도 하나님의 뜻과 계획이 있겠지 생각하면서 위안을 삼는단다. 엄마는 유학에 대해 너무 몰라 이렇게 힘든 과정인지 몰랐고(사실 우리 모두 몰랐지) 유학가기 위해 준비하면서 너무 다른 길은 생각 안했구나 하는 생각도 든단다. 그래서 우선 언니에게도 영어 공부만 열심히 하여 토플, GRE 점수를 잘 내어 이길 저길 생각하는 것도 좋을 것 같다는 생각이 든단다.

오늘 아침에는 샤론 성가대에 갔다 왔단다. 작년부터 최태숙 권사가 가르치는데 참 좋단다. 엄마는 노래는 못 하지만 이렇게 성가대에 가서 아름다운 노래를 부를 수 있다는 것이 참 행복하단다. 어떻게 한곡 한곡이 이렇게 좋을까. 이곡을 작곡한 사람들도 이렇게 하나님께 영광을 돌리고 싶었겠지 생각하니 참으로 하나님의 은혜가 한이 없다. 엄마는 지금까지 내가 살아온 길 생각하면 한 시도 하나님이 나와 함께 안 해주셨으면 지금의 나의 자리, 모습은 없었을 거라고 생각된단다. 항상 하나님과 대화하는 나의 습관을 명희도 가졌으면 한단다. 엄마는 중 고등학교 다닐 때도 버스타고 가면서도 '하나님 오늘 시험 보는데 잘 보게 해 주세요' 하고, '하나님 명희가 보고 싶어요. 하나님 우리 명희 항상 위로하여 주시고 항상 함께 해 주셔서 외롭지 않게 해 주세요.' 항상 기도하는 마음으로 지내고 기도 한단다. 명희야 항상 기도하고 시작하자. 하루 하루도 기도로 시작하고 한 학기 한 학기도 기도로 시작하자. 많이 달라질 거라고 확신한다.

또 엄마는 새벽기도 시작해야 하는데 시작이 금방 안되는구나. 엄마는 다른 능력이 없으니 이것이라도 해야 하는데. 엄마가 새벽기도 할 수 있게 기도해 주기 바란다. 우리 두손 모아 항상 기도부터 하자꾸나. 항상 하나님 먼저 생각하면서 생활하길 바란단다. 명희야 밥 세끼 잘 먹고. 건강하길 바란다. 열심히 공부하고 앞으로 방학 10일 동안 마음껏 푹 쉬겠다니 아무 생각하지 말고 그렇게 해라. 잘 있어.

2003년 7월 23일 엄마가.

남편, 아내의 편지

사랑하는 형란씨께

어제는 많이 피로 했지요? 얼굴도 많이 타고 무사히 귀가 했는지 궁금했지만 시간이 너무 늦어서 전화를 못했지요. 오늘부터 장교교육이 있고 그것 준비 때문에 한창 바빴어요. 지금은 한 밤중 시간이 있어 편지를 씁니다. 어제 초라한 아버지의 산소를 보고 혹시 실망하지 않았는지요. 사람의 훌륭하고 않고를 산소를 보고 측정할 수는 없지만 커다란 묘를 보면 그것을 부러워하고 생존 시에 훌륭한 사람이었구나 하고 생각하는 것이 보통이겠지요. 물론 그런 것은 아니겠지만. 사람이 어떻게 살아야 한다는 것과 어떻게 살아왔는가는 일치하기 어렵겠지요.

누구나 말로써 옳은 소리를 하기는 쉬운 노릇이지만 그 말처럼 산다는 것은 종교인도 어려운 일일 것입니다. 그런 생각을 하면 저의 아버지는 훌륭한 사람이었다고 생각됩니다. 일생을 살아가면서 잘못도 있고 과오도 많이 저지를 수 있지만 전체적으로 볼 때, 죽을 때, 그 사람이 나이가 먹어가면서 어떻게 생각하고 생활했는가는 숨길 수 없이 드러난다고 믿습니다. 특히 죽음을 어떻게 맞이하는가가 가장 중요한 삶에 있어서 절정이라고 생각됩니다. 그 장엄하기 조차 한(?) 죽음을 정말 저의 아버지는 부끄럼없이 맞이 하셨습니다. 하나님을 믿게 되고 자신의 삶에 대해 미련을 두지 않고 인정이나 혈육의 정을 넘어서서 죽음을 맞이 하셨지요. 저는 이런 것에 대해 많은 시간을 생각해왔지요.

아버지는 인생에 있어서 꼭 필요하고 또 가장 중요한 것이 무엇인지 터득하고 계셨지요. 삶에 있어서는 서로간의 존중과 이해 그리고 형제간에는 우애가 필요하고, 이런 모든 것들 중에서도 특히 인간성이 가장 중요하다고 말씀하셨지요. 또 남자는 명예를 지키고 명예를 세우기에 용감하여야 하고 여자는 남자에게 사랑받는 존재여야 한다고 하셨습니다. 이런 것이 아버지의 철학이었지요. 멋있지 않습니까? 너무 훈육적이고 가부장적인가요? 이런 말씀이 꼭 들어맞고 좋은 것이라고 단정 지을 수는 없지만 이런 것들을 실행하기 위해 노력하고 때때로 괴로워하는 아버지는 참 훌륭한 분이었다는 생각이 들지요.

오늘은 이만 줄입니다. 형란씨가 만들어준 미숫가루는 오늘은 못 먹겠는데요. 그냥 자야겠습니다. 포근한 잠이 되기를 빕니다.

1978. 5. 29. 당신의 웅락

사랑하는 응락씨

이번 성탄절은 제가 태어나서 가장 즐거운 뜻있는 날이었습니다. 큰일도 많고 즐거운 일도 많았던 한해. 우리가 각자 걷던 발 거름을 나란히 걷게 되었던 한해. 서로 한길로 가면서 무엇을 하며, 도움도 주며 서로에게 용기와 힘과 희망을 주는 것을 깨닫고 사랑의 힘도 알았던 한해, 이 모든 것을 주 하나님께 감사드립니다.

이 한해를 발판으로 앞으로의 우리의 생애에 자신있게 힘있게 하나님 뜻대로 사는 삶을 따르도록 기약하고 바랍니다. 항상 밝고 걱정이 없는 하루하루가 되고 건강한 새해를 이루길 바랍니다. 또한 모든 소망 하고자 하는 계획이 성취되기를 간절히 바랍니다.

1978. 12. 26. 당신의 아내 형란

눈

3학년 김경희

소복 소복
쌓여가는 눈

고운 솜처럼
쌓여가는 눈

아름다운 눈이
소복 소복 쌓여가네

보름달

4학년 김경희

접시 모양처럼 둥근달이
화려한 금빛 옷을 입고
나를 또렷이 쳐다 보내,

옷 자랑을 하는 걸까
나를 약 올리는 걸까
별들의 금빛 옷을 빼앗은 걸까.

교통질서

제5학년 5반 김명희

하나, 둘, 셋
자꾸자꾸 늘어나는
교통사고

셀 수도 없이 많은
교통사고
많은 사람들이
기뻐할텐데
조금씩 양보하면

언제 돌아올까?
그런 기쁜 날

하나, 둘, 셋
자꾸자꾸 늘어나는
교통사고
다치고, 두려움에 떠는
수많은 사람들

모든 사람들이
언제 지킬까?
교통질서를

우리언니

제5학년 5반 김명희

나는 우리언니를 참 좋아한다. 잠시도 언니 없이 못 지낼 정도로 좋아하지만

언니와 나는 하루에 최소한 5번 정도로 싸운다.

싸울 때는 내가 너무 화가 나서 언니에게 욕을 한 적도 있다.

그러나 나중에는 꼭 약속이라도 한 듯 내가 진다.

언니의 힘 때문일까?

언니는 휴지를 가져올 수도 있는데 꼭 나를 시킨다.

그때 내가 소리를 빽빽 질러서 언니한테 맞을 때도 있다.

하지만 나는 우리 언니가 참 좋다.

교통안전

제5학년 5반 김명희

해가 늘수록 늘어나는 교통사고
또한 죽어가는 수많은 사람들

조금만, 조금만 조심하였더라면
아무일 없이 행복하게 지낼텐데

중앙선을 넘어서, 신호를 어겨서
남의 차를 추월하여, 음주운전으로
이런 하찮은 것들이 교통사고의 원인

'나 하나쯤'의 생각은 버리고
모두 교통안전에 힘쓰면 좋을텐데

우리 집

제5학년 5반 김명희

우리 아파트
맨 꼭대기 우리 집을
사람들은 부러워하지요

좋은 곳에 산다고
시원하겠다고
부러워하죠

우리 아파트
맨 꼭대기 우리 집을
사람들이 안됐다고 하지요

무섭다고
위험하다고
안됐다고 하죠

하지만 15층인
우리 집은
맨 윗층에 살아서
자랑스러워요

가을

제5학년 5반 김명희

저 멀리있는 산이
불이 났어요.
노란색 빨강색의
단풍잎으로

소방관 아저씨께
전화를 할까?
하지만 왠지 모르게
불이난 산이
무척이나 아름답고 고와요

창밖에 귀를 기울이니
"바스락"하는
소리가 났어요

도둑이 들어왔나?
알고 보니
가을이 온 소리예요.

Abnormality

김성우

눈이 뿌옇게 안 보일 때가 있다.

안경이 안 맞거나 아니면 피곤할 때뿐 아니다.

가끔 글을 읽어야지 하는데 그냥 뿌옇게 변한다.

그러다가 이내 정신을 집중하면 다시 보이기 시작한다.

한 번은 모니터를 보다 글이 잘 안 보이길래 "그냥 있어보지 뭐." 하고 그대로 있었다.

글이 뿌옇게 되고 색도 섞이고 머리가 빙글빙글 돌고,

그러다가 화면에서 토네이도가 일어났다.

단지 평면적인게 아니다. 토네이도가 나를 향해 달려왔다.

난 "이건 환상일 뿐이야. 어서 빨리 정신을 차려야지" 했지만 때는 너무 늦었다.

이미 그 토네이도는 나를 덥치려 무서운 기세로 쫓아왔다.

난 눈을 비비며 이게 빨리 사라지기를 빌었다.

하지만 역시 사라지지 않았다. 너무 놀라 이마에 땀방울까지 맺혔다.

누군갈 부르려 소리를 지르지만 목에선 어떠한 소리도 내 뱉지 못 했다.

공포 속에서도 이런 건 시간이 좀 지나면 저절로 없어진다는 이성적인 생각이 났다.

하지만 이번엔 좀 달랐다.

점점 숨쉬기가 버겁다고 느껴지던 순간 숨이 쉬어지지 않는 것이다.

그땐 단지 공포가 아니었다.

이러다 죽는게 아닐까 하는 걱정이 아니라, 이젠 죽는구나 하는 체념.

여러 기억들이 스쳐가고 얼굴들이 지나가고,

모든 걸 포기하며 "이제 소풍을 끝낼 시간인가 보구나." 했을 때

빛이 보이며 따뜻해졌다.

난 다시 살아났다!

- 2016년 4월 作

내 동생

산문

용운초등학교 3학년 3반 김경희

내 동생은 일학년입니다. 내 동생의 이름은 명희인데 삐치기를 제일 잘 합니다. 명희가 아이스크림을 사달라고 할 때 엄마가 돈이 없었습니다. 그래서 내가 아이스크림을 사먹지 말자고 하니 눈동자가 옆으로 가면서 뚝 삐쳤습니다. 나는 명희가 미워져 "삐치라지"하고 내버려두었습니다.

근데 어떨때는 명희가 귀엽고 그렇게 예쁠 수가 없습니다. 내가 때려줄래도 엄마한테 이르고 우니 내가 동생을 봐줄 때가 많습니다. 또 친구랑 놀면 꼭 따라오고 심부름을 해도 꼭 따라 옵니다. 그러다가도 하기 싫으면 나만 가게 하려고 "안가"하고 말합니다. 하지만 내 동생이니 참을 수 있습니다.그리고 방도 치우라고 하면 내가 다 치워야하고 동생이 치우는 것은 코딱지만큼만 치웁니다. 이런 내 동생이 잘 알아서 할 때가 있습니다. 엄마는 오랜만에 동생이 착한 일을 하면 안아주기도 합니다. 명희가 이렇게 착한 일도 한답니다.

소크라테스

제5학년 5반 김명희

나는 소크라테스의 어린 시절 이야기를 읽고 많은 것을 본받았다. 인간 철학자로 알려진 소크라테스, 어린 시절에도 그는 다른 철학자 못지않게 훌륭하였다.

어린 시절 소크라테스는 아테네의 어느 시냇가에서 아이들과 시꺼멓고 비쩍마른 강아지를 가지고 장난을 치고 있었다. 그 장난은 한 아이가 강아지의 목덜미를 쥐고 번쩍 들어서 냅다 던지는 장난이었다. 아이들 모두 재미있다는 듯이 강아지를 시냇가에서 던졌다. 소크라테스의 차례가 왔다. 소크라테스는 강아지를 힘껏 치켜 올렸다. 그러나 소크라테스는 강아지를 던지지 않고 하늘만 바라보고 있었다.

나는 왜 소크라테스가 강아지를 던지지 않고 하늘만 바라보고 있을까? 하고 생각하였다. 소크라테스는 강아지를 시냇물에 던지려고 했던 바로 그 순간 한 의문이 떠올랐던 것이다.

'강아지를 시냇물에 내 던지는 것이 옳은가?'

'아니다'

'그렇다면 왜 던져야 할까?'

'내기에 이겨야 하니까'

'내기에 이기는 것이 좋을까, 아니면 죄 없는 강아지에게 고통을 주지 않는게 좋을까?'

'강아지를 놓아 주는게 좋지'

이처럼 소크라테스는 스스로 묻고 답하는 동안 교훈을 깨달았던 것이다. 나는 문답을 하면서 깨달은 소크라테스의 철학정신을 본받아야겠다.

체육시간

제5학년 5반 김명희

"아이구 다리야, 사람살려" 아이들의 입에서는 너무 힘들어 끙끙대는 소리가 들렸다. 그러자 무서운 호랑이 같은 체육선생님은 "조용이 못하나, 계속 떠들면 1시간 동안 벌만 받겠다."

4학년 때만해도 즐거운 체육시간이었는데 5학년이 되니까 이렇게 무시무시한 체육시간이 되었다. 체육선생님은 줄을 안섰다고 제자리에 앉히고 뒷짐을 지고 앞으로 가라고 하셨다. '세상에 이럴 수가 줄을 안섰다고 이런 힘든 벌을 주시다니' 아이들이 모두 아무말 못하고 체육선생님께서 하라는 대로 했다. 한 30분 지난 뒤 선생님께선 지금 하는 것 그만하고 토끼뜀을 하라는 것이었다. 나는 토끼뜀 몇 번 뛰다가 그대로 주저앉아 버렸다. 아이들 모두 주저앉아 버렸다. 그때부터 우리반 아이들은 체육선생님만 봐도 공포에 떨기 시작했다.

친구야 안녕

제5학년 5반 김명희

나는 '친구야 안녕'을 친구의 소개로 읽게 되었다. 내 친구는 이 책을 읽고 눈물을 흘렸다고 해서 마음이 끌렸다. 정말 이 책은 눈물 없이 못 볼 책이다. 이 책의 주인공은 윤호이다. 윤호는 학교에서는 대단한 장난꾸러기여서 타잔이라는 별명까지 있었다. 하지만 어머니의 재혼 때문에 언제나 쓸쓸하게 지냈다. 엄마라고 못부르는 윤호를 위하여 대신 윤호 언니 윤희가 뒷바라지를 하였다. 그 가운데 윤호와 상일이의 우정은 두터워졌다. 하지만 윤호는 간암에 걸리게 되어서 결국 죽게 되었다.

즐거운 여행

제5학년 5반 김명희

나는 아침 일찍 눈이 떠졌다. 오늘이 기다리고 기다리던 여행가는 날이었다. 아버지는 먼저 공주박물관에 가서 조상들의 유물을 본 다음에 천안에 있는 아빠 친구 분 댁에 가서 하루 밤 잔 다음 온양에 있는 현충사를 구경하자고 하신다. 그리고 온양 온천에 가서 목욕을 하고 오자는 계획을 말씀하셨다. 이제 까지 이렇게 여러 군데를 가 본적이 없어 무척 설레 였다. 한편 이렇게 여러 군데를 가니까 무척 피곤하고 힘들 것 같아 걱정되기도 했다.

드디어 버스를 타고 공주로 출발, 공주에 도착하자마자 박물관 구경을 하였다. 급히 구경을 하여도 조상들의 슬기에 감탄을 하지 않을 수 없었다. 그리고 곧바로 천안으로 향하였다. '친구 분 댁이 농촌에 있어서 혹시 화장실이…….' 하지만 그 생각은 곧 기쁨으로 바뀌었다. 친구 분 댁은 한옥 같았지만 안에는 양옥이었다. 두 오빠가 있었는데 무척 잘 대해 주고 무척 재미있었다. 새벽 2시까지 놀고 잤다.

아침 일찍 우리식구들은 온양 현충사로 향하였다. 현충사는 무척 넓고 깨끗했다. 옛날에는 이순신 장군이 전설 속에 나오는 그런 장군인 줄 알았었다. 현충사에서 만난 이순신 장군은 훌륭하고 멋진 인물이었다. 다 구경하고 온천에서 목욕을 한 후 집에 돌아왔다. 참 즐거운 여행이었다.

나도 동방여고 1학년

진형란 (1학년 8반 김명희 어머니)

나는 지금 머리가 아파 고개를 들지 못할 지경이다. 살림도 뒤죽박죽이 되었고, 큰 아이 고3의 뒷바라지도 제대로 하지 못하고 있다. 일주일 전이었다. 동방여고의 '어머니 신문'을 만들어야 하니 글 하나만 써달란다. "하겠다", "안하겠다" 하는 대답을 생각하기 보다, 왜 그런지 두려운 마음부터 들었다. 왜 그런 마음이 들었을까? 학생시절부터 그랬지만 결혼한지 20년이 지난 지금껏 글 쓰는 일이 거의 없었고, 그동안 충실히 했다면 가계부와 씨름하는 것이 고작이었다. 나는 남에게 부탁 받는 것에 익숙하지도 않지만 일단 남의 부탁을 받으면 거절을 못하는 성격이 지금 이 고생을 하게 된 경유이다. 왜 만용을 부려 머리를 싸매고 이 고생을 하는가? 또 다른 이유가 있을 것 같다. 무엇인가 변화하고 새로운 것을 느끼고 찾아보려는 '잃어버린 나

찾기' 같은 마음 같은 것 말이다. 고민 할 바에는 무엇이 되었든 일단 써보자 하는 터무니없는 객기가 생겼다. 그러나 이것이 얼마나 엉터리가 되어 남의 웃음거리가 되더라도 나는 모를 일이다. 오직 부탁한 사람이 책임 질 일이다. 마음 약해 거절하지 못한 것은 물론 나의 소심한 성격으로 돌릴 심산이다.

지난 3월 작은 딸 명희는 동방여고에 입학했다. 막내의 입학은 나에게 무엇을 의미하는 것일까? 딸아이에게 다가오는 의미 말고 나에게 무슨 의미가 있는가 말이다. 선배 엄마들 누구나 느꼈을지 않을까 하는 이런 생각이 불연 듯 든다. '나의 그때 그 시절이 생각나고 큰 아이에 이어 작은애의 3년이 지나면 어려운 입시의 지옥 같은 곳에서 나도 졸업을 한다는 생각 말이다.' 그러면서 나의 소중한 그 무엇들도 더불어 끝난다는 각박한 느낌도 든다. 그래서 그런지 더러 학부형 엄마들의 그악스러움이 눈에 보일 때면 어떤 보상심리 때문에 나타나는 것이 아닌지 모르겠다는 생각이 든다.

나의 고등학교 학생 때의 생활이 생각난다. 교실에 들어오시는 선생님 마다, "지금 여러분의 학생시절이 가장 좋은 때이다. 희망이 있고, 떨어지는 낙엽을 보고도 밝게 웃을 정도로 밝고 명랑한 때이고, …… 큰 비전을 갖고 열심히 공부해라". 조금은 진부하지만 얼마나 중요한 말씀들인가. 그러나 그때 나는 끔찍한 시험 생각 밖에는 들지 않았다. 새벽부터 한 밤중까지 공부, 공부, 공부, ……. 한쪽 마음 밑바닥에, 결혼할지 안할지 모르지만 만약 해서 자식을 낳더라도 그때는 이런 입시문제는 없어져 우리아이는 이런 고생은 하지 않겠지 하는 생각을 했었다.

그런데 현실은 전혀 아니다. 결혼을 했고 벌써 딸아이는 고3과 고1이다. 참 힘들 때이다. 그러나 딸들과 얘기하면 재미있다. 순수하고 순박하고, 티 없는 애들과 친구들. 나도 그학년이 되어 함께 자리하고 있다는 착각에 빠진다. 그런데 그때나 지금이나 대학입시의 이런 경쟁만 없다면 얼마나 좋을까? 공부 얘기만 나오면 고개 숙이는 우리 애들의 모습을 보며, "나는 이렇게는 안키우려고 했는데," "새벽에 깨워줘 엄마" 하며 지쳐 정신없이 자는 딸을 차마 깨우지 못하는 엄마. 이것이 현실이며 나는 그 현실에 충실하지 못하다는 생각을 한다. 달콤하게 잠들어 있는 딸을 깨우지 못하는 엄마가 된 나는 내 자신, 우리 어머니들이 바뀌어야 된다는 것을 알고 있다. 우리 아이들이 무슨 대학에 진학하느냐 보다 무엇을 위해 어떻게 살아야 하는가를 생각하도록 말이다. 물론 엄마들의 생각이 바뀐다고 다 되는 것은 아니지만 말이다. 교육열하면 북청 물장수를 연상하지만 그들 시대의 교육현실과 지금의 그것이 얼마나 차이가 있는지, 외람되지만 우리는 우리자식만 생각했지 우리의 후세를 생각 안한 것은 아닌지 반문해 본다.

- 1998년 가을

어린 사또

독후감

용운초등학교 3학년 3반 김경희

어느 마을에 한 아이가 살고 있었다. 그런데 그 아이는 너무나도 똑똑하다고 마을에 소문이 퍼져나갔다. 그런데 아이의 성격은 엄마 아빠한테 이것 저것 사달라는 버릇이 있었다. 그래서 엄마 아빠는 창피했다.

어느 마을에 사또가 살고 있었는데 사또는, "이제는 나도 사또 자리에 오랫동안 앉아있었으니 이 자리에서 물러나고 다른 사람이 앉아야 하겠다고 생각을 했다." 라고 말씀을 하셨다. 오랫동안 생각한 후에 사또는 똑똑한 아이가 나와서 어린 사또가 되는 것이 좋겠다고 말했다. 마을에서 모두 "안된다"하고 소리를 질렀지만 사또는 아이가 되었다.

그러나 신하들은 어린 사또라고 고개도 안숙이고 말버릇도 좋지 않았다. 어느 날 사또는 석수장이를 불러서 돌 갓을 만들어 오라고 명령을 내렸다. "어떻게 돌 갓을 만듭니까? 이제까지 한번도 만들지 않았던 돌 갓을 어떻게 만듭니까?"하고 신하들이 말했다. 사또는 "나는 사또다. 내 명령을 거역하면 감옥에 갈 수도 있다. 빨리 만들어 오너라." 그 후 석수장이가 다 만들어오자, 사또는 신하들에게 써보라고 했다. 신하들은 "사또님 어떻게 이 갓을 씁니까?" "사또님 저희들을 용서해 주셔요. 고개도 잘 숙이고 다니겠습니다. 용서만 해 주셔요." 그러자 사또는 "좋다 용서해 주마."라고 했다.

어느 날 사또가 밭에 나가서 수수를 보았다. 그러자 "여봐라! 저 수수는 몇 달 되었느냐?" "저 수수는 올해 심었습니다. 얼마나 작습니까?" "그러면 수수를 잘라가지고 오너라." "예" "그래 여봐라 이 수수가 작으니까 이 수수를 팔의 앞에서 끝까지 수수를 다 넣어 보아라." "어떻게 이것이 팔에 들어갑니까? 용서해 주셔요. 이제 모든 것을 무시하지 않겠습니다." 명심하겠습니다.

본받아야 할 점. 아무것이나 무시하지 않고 나보다 어린 아이를 흉보지 않겠다. 그리고 나는 나쁜 짓을 하면 자기만 손해 본다는 것을 느꼈다.

- 지은이 윤석중, 읽은 날 1988년 1월 20일

청개구리

용운초등학교 3학년 3반 김경희

옛날, 어느 곳에 청개구리 한 마리가 살았는데 엄마 말을 어겼어요. 부엌에 나가 보라면 마당으로 가고 마당을 쓸라면 방으로 가고, 이렇게 엄마 말을 어겼어요. 그래서 엄마는 "얘가 어딜 갔지. 혹시 뱀골에 간건 아닐까?" 이렇게 늘 걱정을 했다.

청개구리가 들어오자 엄마는 뱀골에 간건 아니냐고 물어보며 뱀골에 가면 위험한 것을 가르쳐주시며 내일부터는 공부를 시키겠다고 말씀 하셨다.

나는 이 엄마가 자식을 위해 힘쓰는 것을 보고 우리 엄마도 나를 위해 야단치시는 것을 깨달았다. 청개구리는 아침부터 공부를 했다. 청개구리는 엄마가 읽으라는 글자를 거꾸로 읽고 놀겠다는 핑개를 대었다. 나는 이런 어린이가 않되겠다고 반성했다. 그리고 청개구리는 엄마가 놀게 해준다면 책을 읽고 엄마가 어딜 나가면 책을 덮고 일어서서 헤엄치러 나간다. 나는 “이런 청개구리는 나중에 어떤 청개구리가 될까?” 이렇게 생각했다.

그리고 청개구리는 풀숲에 숨어 뱀이 온다고 개구리들을 놀려주었다. 이 청개구리의 말에 속은 개구리는 도망쳤다. 개구리는 청개구리를 보며 타일렀다. 이때 마을에 갔던 청개구리 엄마가 와서 보니 청개구리가 없어 찾아 나섰다. 헤엄을 치고 오던 개구리를 만나 청개구리가 어딜 갔냐고 물으셨다. 다들 뱀골에 갔다고 했다. 청개구리는 거짓말을 한 것이었는데 청개구리 엄마는 몽둥이를 들고서 뱀골로 갔다. 뱀과 청개구리 엄마는 싸움을 시작했다. 청개구리 엄마는 죽음을 각오하고 싸웠다. 나는 정말 죽음을 각오하고 싸운 청개구리 엄마를 본받아야겠다고 생각했다. 청개구리 엄마는 뱀에게 발을 물려 청개구리는 엄마를 부축해왔다.

청개구리 엄마가 눕자 청개구리는 공부를 열심히 하고 엄마 말 잘 듣는다고 반성했다. 나는 지금부터라도 효도를 하겠다고 반성했다. 청개구리 엄마가 숨을 거두기 전에 모래밭에 묻어달라고 했다. 그래서 청개구리는 비가 오면 무덤이 떠내려 갈까봐 울었다.

- 읽은 날 1988년 9월 4일

제인에어

내동중학교 2학년 김경희

나는 '제인 에어'를 읽고 이 책을 다 읽게 된 기쁨과 주인공 제인에게 감동, 이 두 가지를 동시에 받게 되었다. 내가 읽은 책은 어린이들이 보기 쉽게 간추린 책이 아니어서 책이 두껍고 지루하기도 하였다. 맨 처음 어머니가 이 책을 권해 주셨을 때 나는 "이렇게 두껍고 어려운 책을 어떻게 읽어요." 하고 어머니에게 투정 부릴듯 한 목소리로 말하자 어머니는 이제는 이런 명작 소설 같은걸 많이 읽어야 된다고 말씀하셨다. 처음에 읽었을 때 지루하고 왠지 재미없다는 생각이 들었지만 보면 볼수록 흥미진진한 이야기였다. 물론 지루한 부분도 있었다. 그때는 책장을 그냥 넘길 때가 대부분이었다. 내가 이 책에서 제일 재미있게 읽은 대목은 자선학교의 손필드저택에서 지내는 부분이 제일 재미있었고 지루하지도 않았다.

자선학교인 로우드학교는 시설이 엉망이고 아이들 모두 의식주 전반에 걸쳐 가혹한 처우를 받는다. 그런 환경 속에서도 제인은 우수 학생으로서 6년 후에는 교사가 된다. 내가 제인이었더라면 1년도 못 참은 채 도망 나왔을 것이다. 교사가 된 제인은 단지 새로운 삶의 희망을 실현하기 위해 손필드 저택에 가정교사로 들어간다. 제인은 손필드 저택에서 매우 즐거운 시간을 보낸다. 그런 시간에도 손필드 저택의 주인 로체스터와 사랑에 빠지게 된다. 그때부터 나는 제인에어가 된 듯 눈앞에서 이야기가 전개되고 있었다. 마치 영화처럼 ……. 그러나 로체스터씨에게 결혼한 미친 아내가 있다는 것을 알게 된 제인은 손필드 저택을 떠난다. 그 대목에서 나는 눈물이 나왔다. 다시 책장을 넘겼다. 제인은 고독과 방랑에 시달리다가 세인트 존 리버스라는 목사에게 구출되고 목사의 도움으로 초등학교 교사가 된다. 이렇게 시간이 지나자 제인은 세인트 존이 자기와 사촌 간 이었다는 것을 알게 된다. 제인은 다시 행복을 되찾았다. 나는 참 잘된 일이라고 생각했다. 나는 그때 로체스터씨가 어떻게 되었나 궁금했다. 제인도 그런 생각이 들었는지 손필드로 찾아간다. 그러나 그곳에서 제인은 그리던 풍경대신 미친 아내의 손에 의해 불타버린 손필드를 발견한다. 로체스터씨는 불이 났을 때 장님에다가 불구가 되어있었다. 하지만 제인은 불구가 된 로체스터씨를 만나 결혼하여 행복하게 살았다고 한다. 나는 그런 힘든 삶을 살면서도 포기하지 않는 제인의 강한 마음을 본받아야 되겠다.

- 1993년

감자

봉산중학교 2학년 10반 김명희

단편소설인 감자는 내가 갖고 있는 책 〈한국대표 단편문학선〉에 수록되어 있는 소설이다. 이 책은 내가 초등학교 6학년 때 언니를 통해 알게 되었다.

그 당시 중2인 언니는 이 책을 매우 좋아 하였다. 나는 그 당시 어려서인지 읽지 못했고 중학교에 와서 읽었다. 이 책에는 단편소설이 32선이나 있어서 모두 다 읽어 보았다. 난 김동인이란 작가를 제일 좋아한다. 처음 읽은 단편소설이 김동인의 '배따라기'여서 그런지 아니면 언니의 영향이 있어서 인지 아무튼 김동인의 소설을 가장 좋아한다. 감자도 벌써 몇 번 읽었는지 모른다.

감자의 주인공은 복녀라는 여인이다. 원래 가난은 하지만 정직한 농가에서 자란 복녀는 열다섯 살 때 홀아비에게 시집을 간다. 홀아비는 극도로 게으른 사람이었다. 옥녀가 시집을 온 뒤, 삼년은 복녀 아버지의 덕으로 살았지만 그는 처가에서도 신용을 잃게 되었다. 복녀는 돈을 벌기위해 송충이를 잡는 일을 시작하였다. 복녀는 남편이 있음에도 불구하고 그곳 인부 감독에게 몸을 맡긴다. 그때부터 복녀의 도덕관은 변하였다. 궁색했던 살림도 이제는 그리 궁하게 지내지 않게 되었다. 그녀는 중국인 왕서방에게도 몸을 맡기게 된다. 처음에는 타율적이었으나 점차 자발적으로 된다. 그러던 중 왕서방은 한 여인과 결혼을 하게 된다. 결혼식 날, 질투에 쌓인 복녀는 결국 왕서방에게 죽임을 당한다. 복녀의 남편과 왕서방의 싸움 과정에서 복녀는 뇌일혈로 죽었다는 진단으로 공동묘지로 가게 된다. 이 소설은 한 여성이 도덕적으로 타락해 가는 과정을 보여준 작품이다. 복녀는 자신의 환경에서 서서히 타락해 갔다. 나는 환경이 인간의 성품, 운명을 결정한다는 것을 생각하면서 이 작품을 통해 지금의 나의 환경 그리고 나의 위치를 다시한번 보는 계기가 된 것 같다.

- 1996년

동물농장

봉산중학교 3학년 7반 김명희

동물농장, 생각해 보면 마치 어린이 동화책 제목 같다. 내가 이 책에 대해 알게 된 때는 약 2년 전 미국에서 이다. 2년 전 나는 미국에 잠시 살고 있었다. 그곳 학교에 다녔던 나는 영어시간에 한 아이가 동물농장에 대해서 발표를 했었던 것을 기억한다. 영어를 잘 못했던 나는 그 아이의 말을 잘 알아들을 수 없었다. 하지만 제목만은 알아들을 수 있었다. 동물농장, 난 이 책이 동화책이라고 생각했다. 그래서 미국 고등학생들은 동화책도 읽는구나 하는 아주 무식한 생각을 했었다. 어떻게 조지 오웰의 동물농장을 몰랐다니…….

어떻게 생각해 보면 이 책은 말도 안되는 이야기이다. 동물들이 인간을 내쫓는 일, 글을 쓰는 일, 인간과 대화를 하는 일등, 현실가능성이 없는 이야기이다. 이 책에서는 이 작품을 전체주의 국가가 성립되기까지의 과정을 그린 우화소설이라고 한다.

이 책은 수 돼지인 메이저 영감이 농장의 주인은 착취하는 인간이 아니라 스스로 농사짓는 동물들의 것이라고 동물들에게 말하면서 시작된다. 그 후 며칠 뒤 메이저 영감은 죽지만 그는 동물들에게 완전히 새로운 인생관을 심어 주었다. 동물 중에서 가장 현명하다는 돼지인 스노볼과 나폴레옹이라는 두 수 돼지가 반란에 앞장선다. 굶주림에 지쳐있던 동물들은 농장주인인 존스에게 항거하여 승리를 거둔다. 스노볼과 나폴레옹이 주축이 된 이 농장은 '네 다리는 좋고 두 다리는 나쁘다.' 라는 말 아래 운영 된다. 돼지들의 지도와 동물들의 협동아래 즐겁게 일하고 노력하는 동물농장은 새로운 전기를 맞게 된다. 농장이름도 장원농장에서 동물농장으로 새롭게 바뀌게 된다. 수확량은 증가하고 모든 동물의 특성을 살려 자발적으로 일하기 때문에 효율적으로 일이 진행됐으며 여가 시간도 즐길 수 있게 된다. 그러나 동물들 사이에서는 권력싸움이 일어나고 이상주의자인 스노볼과 현실주의자인 나폴레옹의 싸움이 일어난다. 결과는 나폴레옹의 승리였다. 스노볼은 결국 쫓겨나고 나폴레옹의 독재가 시작된다. 나폴레옹은 새로운 자극을 주는 대상으로 스노볼을 이용한다. 나쁜 일이 생기면 모두 스노볼의 탓으로 돌린다. 스노불은 이제 모든 동물들의 미움을 사게 된다. 나폴레옹의 독재가 심해지면서 이제는 더 이상 동물들이 모여서 이야기하는 일은 없어지고 나폴레옹에게는 지도자란 지위가 붙고 나폴레옹 찬가도 만들어 진다. 나폴레옹을 비롯한 특권층 돼지들은 동물농장의 주인이었던 존스가 했던 생활을 따라하게 된다. 술을 마시고 인간들과 포커를 치고 침대에서 자며 두 다리로 걷기 시작한다. '네 다리는 좋고 두 다리는 나쁘다.' 라는 말은 '네 다리는 좋고 두 다리는 더욱 좋다.' 라고 바뀐다. 그리고 옛날 일을 기억하던 동물들도 점점 죽고 새로운 동물들이 들어와 그들이 하던 일을 대신할 뿐이다. 그리하여 동물들은 그저 자신의 노동력을 바쳐 일할 뿐이라는 것을 느끼게 되고 결국 동물농장은 다시 장원농장으로 불리어 지면서 이야기는 끝난다.

이 작품은 스탈린이 집권하고 있던 소련의 상황을 모델로 했다고 한다. 이러한 이유로 출판이 늦어지고 1945년 전쟁이 끝난 후 출판하게 되었다고 한다. 나는 이 책을 읽으면서 북한을 떠올리게 되었다. 처음에는 모두 희망과 기쁨으로 시작하였지만 차차 자신의 생각, 감정을 잃어가면서 아무 의욕 없이 살아가는 모습, 이것이 바로 공산주의 사회 모습이 아닌가 싶다. 권력이 한 사람의 독재자에게 이용될 때 일어날 수 있는, 특권을 이용한 타락, 어쩌면 이것은 요즘 현대사회와 흡사하다는 생각을 하게 되었다.

- 1997년

추억

봉산중학교 3학년 7반 김명희

〈추억〉이라는 책은 나에게 의미 있는 책이다. 그것은 아버지가 사다주신 책이기도 하고 내가 읽은 두 번째 샤롯 브론테의 작품이고 또 더 나아가 브론테 자매로 본다면 〈폭풍의 언덕〉을 합쳐 세 번째 작품이 되고 내가 좋아하는 작가의 책이기 때문이다. 작가가 같아서 그런지 이 책은 〈제인 에어〉에서 느꼈던 향기를 가지고 있다. 주인공이 여자라는 것, 또 그 여자가 자신의 삶을 스스로 꾸려가는 것 등등 왠지 모를 점에서 말이다. 이것이 샤롯 브론테의 향기일까?

〈추억〉은 1인칭 주인공 루시 스노우라는 여인의 절망적인 삶과 사랑을 통해 그 절망을 극복해내는 과정을 회상형식으로 쓴 작품이다. 어떻게 보면 〈추억〉은 우연과 우연이 거듭되는 작품이기도 하다. 전혀 상관없을 것 같은 인물들이 우연으로 또다시 만나고 예측하지 못하던 일들이 일어난다. 그래서 그런지 등장인물도 다른 소설에 비해 훨씬 적어서 읽기가 좋았다.

〈추억〉은 상, 하권으로 나누어져 있다. 상권에서는 나중에 우연으로 만날 인물들의 첫 만남이야기가 써있기 때문에 지겨움이 없지는 않다. 하지만 하권은 그 만남이 다시 우연으로 만나지는 어떻게 보면 너무 의도적인 내용이지만 단 하루 만에 책을 다 읽을 수 있을 만큼 흥미롭고 재미있다.

이 책의 줄거리는 대략 이렇다. 어린 시절 루시 스노우는 가족이 없는 소녀로써 대모님과 함께 브레튼이라는 마을에 사는 것으로 시작된다. 브레튼에서 대모님의 아들 그레이엄과 하숙생 소녀 폴리와 같이 지낸다. 세월이 흘러 루시는 브레튼을 떠나게 된다. 그 후 여러 가지 어려움을 겪으면서 결국 루시는 독일로 건너가 루 포세뜨라는 학교 영어선생으로 들어간다. 그곳에서도 여러 가지 어려움이 많이 있었다. 그것은 학교 원장인 베크부인과 루시 스노우 자기 자신과의 싸움이었다. 그녀가 절망적인 삶을 살고 있을 때 옛날의 대모님과 그의 아들 그레이엄을 만나게 되었다. 대모님의 사랑과 친절로 루시 스노우는 어느정도 자신의 고통에서 벗어날 수 있었다. 그리고 예전에 브레튼에서 만난 폴리를 만나게 된다. 루시는 그레이엄을 좋아했지만 그레이엄은 폴리를 좋아했다. 다행히 루시 옆에는 루시가 학교에 처음 왔었을 때부터 쭉 옆에서 지켜본 폴 선생이 있었고 그들의 사랑을 확인하면서 끝이 난다. 한데 가장 아쉬운 점은 마지막 결말이었다.

'여기서 중단하기로 하자. 할 말은 충분히 했다. 괜히 잔잔한 마음에 파문을 일으키지 않고 상상에 맡기겠다.' 작가는 이렇게 결말을 맺었다. 결국 해피엔딩인지 아닌지의 결말이 안 나왔다는 것이다. 하지만 나의 상상은 언제나 루시가 폴 선생과 잘 되는 모습만을 상상해 왔다. 루시 스노우는 자신의 삶을 그녀 스스로 개척하고 만들었다. 물론 그 길은 결코 순탄하지 않았다. 자기 자신과의 싸움도 있었고 외부에서 오는 어려움도 있었다. 하지만 그녀는 이 모든 것을 극복했다. 언제나 무엇인가에 의존하려는 나, 나이에 비해 너무 어리게 행동하던 나에게 하나의 이상적인 여성상을 알게 해 주었다.

\- 1997년

카라마조프가의 형제들

김웅락

내가 퇴직 후 별다른 계획을 갖지 않은채 독서에 몰두해 보겠다고 생각하면서 펼친 첫 번째 책이 〈카라마조프가의 형제들〉들이다. 내 나이또래에서 젊은 시절 가장 친밀하게 느낀 작가 중 한사람이 아마 도스토예프스키가 아닐까 생각한다. 내 기억으로는 〈죄와 벌〉이후 읽게 된 그의 두 번째 작품이다. 도스토예프스키든 다른 작가든 내가 읽은 책이 많은 편은 아니지만 그중 도스토예프스키를 좋아하는 이유는 그의 인간에 대한 끝없는 긍정 때문이다. 그의 인간에 대한 긍정은 사회전반적인 환경과 정치적 이념을 배경으로 하는 매우 거시적 접근을 통해 보여주고 있는데 예를 들면 인간애란 타락하고 암울한 사회정치적 상황에서 발휘될 때 깊은 가치를 발견할 수 있는데 그의 소설이 그렇다는 것이다. 그의 인간애는 고통을 견디어내고

빛을 찾는 열정의 샘이 되고 있다.

〈카라마조프가의 형제들〉은 그가 겪는 봉건전제군주제에서 이념의 시대로 넘어가는 와중의 혼탁한 세상에서 지성의 끈을 놓지않고 고민하면서 쓴 그의 마지막 시기의 작품이다. 따라서 이 소설은 그의 작가로서 뿐 아니라 사상가로서 최종적인 생각들, 사상을 담고 있다고 할 수 있다.

내가 읽은 〈카라마조프가의 형제들〉은 2014년도의 번역본으로써 역자는 김연경 민음사 발행본이다. 이 소설의 배경을 보면 19세기의 러시아는 서유럽에 비해 낙후된 정치수준에 머물러있었다. 대외적으로는 러시아 정교회와 로마 가톨릭 사이에서 정치적 대결이 계속되었고 이것은 크림반도를 둘러싼 잉글랜드와 투르크연합군과의 전쟁으로 치달았다. 러시아는 이 전쟁에서 패배하면서 전통적인 남진정책이 실패하게 된다. 그러나 방대한 영토와 인구 및 자원으로 강대국의 위세를 유지하지만 국내적으로는 매우 혼란스러운 시기를 맞고 있다. 러시아는 정치·사회 개혁을 위한 농노제 개혁을 시도하지만 오히려 문제만 드러내는 가운데 공산주의 이념이 고개를 들기 시작하고 강화된다.

이런 배경에서 소설의 구성은 용서와 화해 그리고 전망의 단계로 구성 되어있다. 소설의 첫 장면을 조시마 장로라는 러시아정교회의 지도자가 귀족사회의 여러 문제들을 중재하고 베푸는 용서의 과정(이 과정에는 카라마조프가의 불화가 포함된다.) 그리고 소설의 마지막을 셋째아들 알렉세이가 어린 소년들의 시각과 행동을 통해 러시아의 미래를 긍정하고 기대하는 장면에서 구시대의 세력을 대치하고 새로운 세상을 위해 나아가는 변증법적 화해와 전망의 모습을 찾을 수 있다.

이제 내가 인상 깊게 느낀 내용을 중심으로 소설의 대강을 서술하려고 한다. 이 책 내용의 특별한 점은 어른들의 이야기를 통해 러시아 사회전반의 퇴폐한 분위기를 보여주고 중반부 이후부터 어린소년들의 등장으로 이러한 사회가 앞으로 변화되어야 할 것임을 예고하는 것처럼 느끼게 된다는 점이다. 그런 점에서 이야기의 중심은 후반부의 소년들이라는 장과 끝부분의 에필로그를 장식하는 알렉세이(알료사)와 소년들이 보여주는 생각과 행동에서 발견하게 된다.

12살의 일류세치카는 초등학생인데 가난한 아버지가 카라마조프가의 큰아들 미챠에게 당하는 굴욕을 보게 되면서 분노를 느낀다. 일류세치카의 가난한 아버지 스네기료프는 신분상 평민계급인데 명예를 존중하고 자존의식을 가진 사람이다. 스네기료프는 퇴역한 군인이다. 그의 가족을 보면 아내는 정신질환자이고 딸은 장애인이다. 그런 가운데 일류세치카는 정신적으로 순수하고 모험심이 강한 어린이인데 아버지 스네기료프의 일로 마음에 깊은 상처를 받는다. 안타깝게도 일류세치카는 아버지의 명예를 회복하지 못하고 또한 자신의 마음의 상처를 치유하지 못한 채 심각한 영양실조로 죽게 된다. 일류세치카의 죽음을 알렉세이와 일류세치카의 친구들은 애도하면서 선하고 용맹스럽고 명예를 소중히 여긴 일류세치카처럼 살자고 결의한다. 어린 소년의 죽음을 마치 작은 밀알이 땅에 떨어져 죽으면 많은 열매를 맺을 수 있듯이(요한복음 12:24) 우리는 장차 그 열매를 맺기 위한 밀알이 되자고 굳은 다짐을 하며 미래로 나아가는 계기로 삼자고 결의한다.

또 한명의 어린 소년은 콜랴 크라소트킨인데 일류세치카에게 매우 큰 영향을 주고 그에게 정신적 위안이 되는 아이이다. 콜랴(니콜라이)는 아버지로부터 버림받은 어머니와 살고 있는 14살 정도의 소년이다. 그는 이미 사회와 학교에서 벌어지는 불의와 부패 따위를 인지하는 성숙함과 이념적으로 사회주의에 눈을 뜨고 있지만 겉으로는 전혀 드러내지 않고 생활하는 당찬 소년이다. 소설의 후반부는 알료사를 중심에 놓고 소년들이 이야기를 이끌어 가는데 그 주도자가 콜랴이다. 알료사가 중심에 있다는 것은 알료사가 자신들이 학교에 오가는 동안 우연히 그들의 생활에 끼어들게 되는데 자신들의 행동을 이해하고 포용해주는 마음을 느끼고 한편으로 믿고 의지하는 관계가 되면서부터이다. 소년들의 성숙한 모습과 당차고 모험심 강한 콜랴의 속 깊은 마음을 통해 알료사는 러시아 미래의 희망적인 모습을 찾게 된다.

이 소설의 전반부는 러시아 귀족사회의 혼탁한 모습들을 보여주는데 이를 아버지 포도로 파블로비치 카라마조프와 그의 아들 삼형제를 통해 기술하고 있다. 큰 아들 미챠는 대단히 거칠고 무절제한 사람이지만 소위 뒤끝이 없는 근본적으로 착한 성품을 갖고 있다. 그가 공부를 중단하고 고향에 와서 결혼을 준비하던 중 아버지가 좋아하는 그루센카라는 여인에게 반하게 되면서 불행이 찾아온다. 그는 아버지가 방탕한 생활을 아무런 죄책감없이 즐기는 것에 대해 환멸을 느끼고 있다. 둘째 아들 이반은 사회에 대한 문제의식이 많은 젊은이다. 자유를 추구하고 그 자유가 현실에서 어떻게 실현될 수 있는지를 고민하고 때로는 방황하는 가운데 섬망증의 증세를 보인다. 섬망증이란 의학적으로 술과 마약에 젖어 정신이 맑지 못하고 병적인 상태에 있는 것을 말한다. 그러나 그가 술과 마약에 젖어있는지는 불분명하지만 가끔 그러나 결정적일 때 정신이 맑지 못하고 병적인 상태를 보인다. 그의 문제의식은 다른 형제들과 달리 종교(기독교)에 대해 회의적이고 인간의 의지에 의한 자유와 평등한 사회를 추구하면서 사회주의 사상을 공부하는 데로 이어지게 된다.

셋째 아들 알료사(알렉세이)는 두 형과는 달리 내면의 영혼의 안식을 추구하고 긍정적인 사고를 갖고 있다. 그는 온유한 성품탓에 특별히 부친의 사랑을 받으며 믿음과 종교적 삶을 지향한다. 그는 성품과 개성이 각각 다른 아버지와 형들을 이해하고 그들 사이의 불화를 고통스러워하며 간절한 믿음으로 카라마조프가를 종교적으로 구원하려는 노력을 한다. 이 노력은 조시마 장로의 도움으로 용서를 받는 의식을 갖는다. 그러나 알료사는 아버지와 형들의 불화를 통해서 인간의 죄의 문제를 인식하지만 그 죄의 밑바탕이 되고 있는 사회의 분열(계급사회의 모순, 부패한 농노제)을 고려할 때 용서와 화해를 위해서는 전혀 다른 차원의 접근이 필요함을 알게 된다. 이것을 종교적으로 표현하면 러시아 사회의 회개이지만 그 회개란 일종의 사회적 대전환인 것이다. 그의 화해와 대전환을 위한 노력은 일류세치카, 콜랴 등 어린 소년들을 통해 그들과 함께 미래의 희망을 향해 나아가는 것이다.

이 소설의 논쟁점이 되고 있는 부친 살해 사건으로 돌아가 보자. 큰 아들 미챠는 아버지 표도르 카라마조프를 살해하려는 의도를 품는다. 약혼녀에게 돌려주어야하는 돈과 흠모하고 있는 그루센카와의 사랑을 위해 돈이 필요하다는 것이 살해의 동기로 해석된다. 그러나 단지 이것만이 이유라고 할 수는 없다. 아버지의 방탕한 생활로 세 아들이 모두 심각한 정신적 번민에 싸여있고 사회적으로 용납될 수 없다는 생각을 하고 있다. 아버지 표도르는 이기적이고 탐욕스런 성품의 방탕한 지주로 설명되는데 아마 당시 러시아의 농노제도에 기반한 지주들의 모습을 보여준다고 할 수 있다. 그는 불우한 여인(리자베타 스메르자코프)은 물론 이 지방의 거부의 연인(그루센카)을 유혹하는 등 자신의 탐욕을 채우기 위해서는 주저함이 없는 사람이다. 미챠는 아버지가 유혹하고 있는 그루센카를 흠모하면서 사건이 전개된다.

엄격한 신분제도와 가족주의에 기반한 러시아 사회에서 부친의 살해는 상상할 수 없는 것이다. 그로인한 혹독한 시련과 절망적 상황이 카라마조프가에 닥치는 것이다. 큰아들은 자신과 결혼하게 되어 있는 카체리나 대신 아버지가 정부로 삼으려는 그루센카를 사랑하게 되고 그런가 하면 동생 이반은 형의 약혼녀인 카체리나를 보고 연정을 품게 된다. 이런 사실을 모두 알고 있는 막내 알렉세이(알료사)의 고민은 깊어간다. 알료사는 가정의 평화, 사회의 정의와 도덕성의 붕괴를 보면서 부패하고 타락한 사회가 갱신하기 위한 혁명적 변화의 필요성을 믿게 된다. 알료사는 조시마 장로에게 수도원을 떠나 사회로의 귀환을 요청하고 허락을 받는다. 알료사가 수도원을 떠나게 되는 것은 그러한 사회의 변화를 원하고 이를 위해 자신을 헌신하려는 소명감에서 비롯된다.

그는 아버지와 형들을 위해 기도하고 그들의 용서를 신에게 간구하지만 큰형은 아버지의 살해를 결심하고 실행에 옮기게 된다. 그러나 우연이라고 말하기에는 너무나 절묘한 시점에 이복 동생이자 집안의 하인으로 일하는 스메르자코프가 자신의 아버지이기도 한 표도르를 살해하게 된다. 사실 스메르자코프는 미챠보다 훨씬 일찍 아버지의 살해를 계획하는데 여기에는 이반의 교사가 있었다. 그러나 이반은 그 후 이일을 잊고 실행되기 이전에 고향을 떠나게 된다. 스메르자코프는 미챠의 살해계획을 미리 알고 여기에 맞추어 실행하게 된다. 스메르자코프는 평소 정신이상증세가 있는 간질병 환자였으므로 살인의 혐의가 인정되지 못하고 피의자 신분에서 제외된다. 미챠가 피의자로서 재판을 받게 된다.

재판은 시종 무겁게 전개된다. 검사 이폴리트 키릴로비치는 매우 정교하게 사건을 파헤치고 미챠의 범행을 패륜아의 용서할 수 없는 행동으로 몰고 간다. 검사는 기본적으로 귀족사회를 중심에 놓고 인간이 지켜야할 규범들 곧, 도덕과 정의, 믿음과 자비를 말함으로 이를 망각한 살인자 미챠의 패륜아적 범행을 준엄하게 파헤치고 있다.

그러나 이런 검사의 심문과 논리는 설득력 있게 들리기보다는 사건의 진상을 외면하고 가설적 주장을 보여주는 것에 그치고 만다. 왜냐하면 미챠가 진범이라면 검사의 논고는 의미있는 것이겠지만 미챠의 심리분석과 정신분석이 명확하다고 해도 그것이 진범임을 가리는 것과는 무관한 것이기 때문이다. 결국 이폴리트 키릴로비치의 주장은 사건의 진위를 가려 진범이 누구인지를 치밀하게 밝히기보다는 자신의 가설적 논리에 심취하여 범인으로 기소된 미챠의 심리와 정신의 분석을 통해 러시아를 지탱하고 있는 귀족사회의 일탈적 행동을 심판하고 있는 것이다. 반면 변호를 맡은 페츄코비치는 아이러니한 논법과 증언자들의 여러 가지 정황을 예리하게 정리하면서 상식적이지만 본질을 꿰뚫는 논리를 펼친다. 검사의 심리분석과 정신분석에 대해서 변호인 페츄코비치는 심리분석에는 두 가지 시각이 있다는 말로써 검사 논리의 부정확성을 지적한다. 사건의 규명을 위해 필요한 것은 사실과 실제하는 것 그리고 지금이라는 사건의 현장성을 갖고 접근하고 보아야 한다는 것이다. 그럼으로써 이 사건이 매우 특수한 정황에서 벌어지는 것이지만 이 특수한 정황에 초점을 맞추어서는 않된다는 것이며 보다 보편적이고 상식적인 수준에서 사실과 실제 그리고 지금이라는 현장성에 집중해야만 살인사건의 실체적 진실을 알 수 있다고 주장한다. 변호인의 노련한 분석과 설득력있는 노력에도 불구하고 사건은 배심원의 판단에 따라 미챠는 유죄가 된다.

카라마조프가의 불행은 러시아 사회가 당면한 불행이라고 할 수 있다. 농민의 가난과 이 가난이 극복될 수 없는 강고한 사회계급제도 그리고 이를 뒷받침하고 있는 종교적 권위로부터 러시아사회는 부패하고 타락해 가는 것이다. 기본적으로 알료사는 하느님을 공경하고 하느님의 진리 안에서 평안을 얻을 수 있다는 굳은 믿음을 갖고 있다. 이를 위해 그는 참고 기다릴 줄 아는 긍적적이고 맑은 영혼을 갖고 있다. 그러나 후반부에서 알료사의 생각은 하느님의 진리를 위해 한편으로는 적극적으로 정치참여의 방향으로 나아가는데, 알료사의 이런 행동 변화는 이반의 영향이기도 하다.

이반의 사회의식은 이런 것이다. 인간은 신이 있다고 할 때 자신의 고통의 문제, 예컨대 가난에 대해서 마냥 하느님의 자비심을 기다리는 것 밖에는 가난을 해결하는 다른 방법이 없는 것이다. 이런 한에는 가난 자체는 고통으로 인식 될 수 없다. 그러나 만일 하느님을 부정하게 되면 그때부터 인간은 자신의 문제로써 가난이라는 것을 알게 되고 느끼게 됨으로 스스로 가난을 이겨내기 위한 방법을 찾게 되는 것이다. 다시 말하면 자유(신으로부터 벗어남)를 얻게 됨으로 무엇인가를 하려는 생각을 할 수 있게 된다. 자신의 아버지의 방탕함은 언제가 될지 모를 '그때'가 되어서야 끝날 수 있는데 자유를 얻은 이반은 아버지의 방탕을 끝내기 위한 계획을 할 수 있게 된다. 그러나 이반의 자유에 대한 생각은 현실에서 그것이 실행될 때 불안과 죄책감을 떨칠 수 없게 된다. 하느님의 부정을 통해 자유를 갖게 되지만 동시에 내면에 끝없는 번민과 불안과의 싸움이 지속되는 것이다. 그리하여 이반에게는 '하느님을 부정하는 반역자에게 과연 행복이 올 수 있을까?'라는 문제가 남게 된다.

알료사는 이반이 앓고 있는 섬망증을 '오만한 결단에서 나오는 고뇌이며 심오한 양심'이라고 이해하게 된다. 알료사는 이반이 비록 하느님을 부정하고 있지만 하느님의 진리는 여전히 이반의 마음을 지배하고 있다고 믿는다. 알료사는 흔들림없는 하느님의 진리에 대한 의지와 지금의 혼탁한 세상도 미래에는 맑게 거칠 것이라고 긍정하고 낙관한다. 이것이 알료사가 생각하는 자유와 죄와 신과의 관계를 새롭게 맺는 것이다.

- 2015년 10월

Part 3
배우고 쓰다

신사임당과 황진이의 시조를 통하여 본 이조의 여인상

현대사회이론 1

이조후기의 사회사상

인간의 고백과 하나님의 뜻

건축에 있어서 시간성

Part 3. '배우고 쓰다' 역시 학이편의 學而時習之 不亦說乎(학이시습지 불역열호)에서 가져온 제목이다. 여기에서는 아내가 대학시절 쓴 레포트가 중심이다. 큰 사위의 대학원 논문 한 꼭지도 함께 실었다. 그렇게 전문적이지 않고 주거 공간이라는 집(건축)에 대한 시간적 설명이 재미있는 주제라고 생각되었다. 모든 글은 그 때의 내용과 표현 그대로이다. 따라서 오류가 발견되어도 수정하지 않았고 원문 그대로이다.

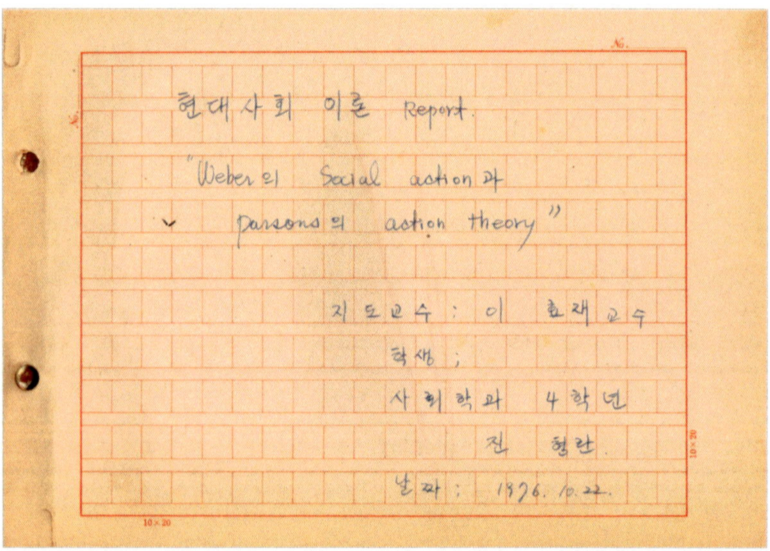

현대사회 이론 Report.

"Weber의 Social action과
parsons의 action theory"

지도교수 : 이 효재 교수
학생 ;
사회학과 4학년
진 형란.
날짜 ; 1976. 10. 22.

진형란의 학기말 과제를 쓴 원고 첫 장이다. 담당교수는 꼼꼼히 읽고 논평하고 돌려주었다.

신사임당과 황진이의 시조를 통하여 본 이조의 여인상

진형란

1. 서론

어느 나라나 그 나라의 전통이 있다. 우리나라 같이 반만년의 역사를 지닌 나라도 있고 얼마 안되는 역사를 지닌 나라도 있다. 반만년의 전통 안에 우리가 있고 우리는 그들이(조상들이) 다듬어 놓은 생활방식 예술 등의 문화 속에서 우리 자신이 형성되었고 키워진 것이다. 이런 것은 다른 문화와 비교해 보면 쉽게 알 것이다. 우리는 의례히 여자가 밥하고 아이를 낳고 집에서 가사를 한다고 생각하고 그렇지 않다면 이상하게 생각할 것이다. 그러나 세계 어느 곳에는 예를 들면 포르네시아에서는 남자가 밥을 짓는 곳도 있다. 이곳은 이런 전통이 문화가 된 곳이다.

우리 역사를 거슬러 올라가 보면 이조의 5백년이 있다. 그들은 고려를 계승하고 일어나 찬란한 문화를 발전시키면서 5백년을 이어오며 또한 지켜내려 온 것이다. 그러나 현실의 우리는 즉, 36년간 일제 압박을 받아 온 우리는 이 잘못을 선조에게 미룬다. 그들이 쇄국정치를 하였기 때문이라든지, 당쟁에만 정신을 쏟았다든지 하면서 현실의 우리는 보지 않고 선조들만 들춰내어 자신을 합리화 시키고자 한다.

필자는 여자이기 때문에 우선 여성을 살펴보려고 한다. 지금 우리 둘레의 여성들을 보자. 예술을 한다는 이유로 불고가사(집안일을 돌보지 않음) 하고 자기 일에 열성인 예술가를 볼 수 있고 때로는 어린이들을 돌본다고 하면서 치맛바람을 드날리며 다니는 어머니를 볼 수 있고 학교가 어머니 것인지 자식들의 학교인지 구별이 안 가기까지 한다. 아침에 느지막이 잠을 깨 경대 앞에서 눈썹 해 붙이고 분 바르고 입술 칠하고 머리손질 하는데 한나절이 다가고 그것도 모자라 손톱을 칠하기 위해 돈 주고 미장원에 가고 물론 미를 가꾸는 것이 좋지만 하루 종일 시간을 뺏기고 다른 일은 안하는 현대 여성을 보면 한심스럽다. 물론 현대의 여성이 다 그렇다는 것은 아니다. 이것은 일제시대 압박으로부터 해방되어 그 후 미군이 들어오고 서양문화가 마구 쏟아져 들어온 것과 연관 있다. 그때 우리는 마구 아무것이나 받아들여 아무거나 좋다고, 그저 서양 것이면 좋다고 모방하여 왔다. 물론 요사이 와서 우리는 이것을 깨달아 고치고 우리에게 맞도록 우리체질에 맞도록 고치어나가는 것을 보면 좀 다행스럽다.

필자는 여기서 그저 서양문화만 좋다고 받아들인 것을 좀 생각해 보면서 우리 체질에 맞게 우리의 전통, 반만년의 역사의 전통속의 여인, 즉 가까이 올라가 이조 5백년의 여인들을 생각하여 그들만이 가질 수 있었던 성품 생활방식 태도 행동을 보아 그것을 현대 우리와 비교하여 좋은 점을 본받도록 하여 보자는 데 있다.

어느 민족을 막론하고 인간사회가 성립되는 곳에는 그 사상과 정서를 절실하게 표현하는 도구로서 시가문학이 있었다. 시는 거울이 아니다. 현실을 그대로 비추는 거울이 아니다. 시는 인간의 운명 현실을 뜯어 고쳐 새로운 모습으로 바꾸는 작업이다. 고시조에 있어서 우리나라 전통사회의 여류 생활은 어떠한 이에 의하여 어떠한 모습으로 읊어 졌는가. 필자는 그것을 간단히 살펴보려는 것인바, 이조시대에 자기들의 정서생활을 가장 절실하게 표현한 여성의 작품으로서 전하는 시조는 총 40수를 넘지 못하고 그것도 거의 전부가 저 유명한 황진이를 위시한 기녀들의 손에 의하여 지어진 시조이며 무명 여인들의 것도 역시 대개 그러한 부류의 여성들의 것이 아닌가 추측된다. 그리고 이들 시조의 소재는 거의 전부가 남녀 간의 애정의 사연이 다루어지고 있을 뿐 부부간의 애정과 같은 감정 등은 찾아보기 힘들다.

그 밖의 여성의 생산 근로 면에서의 참여 또는 민속적인 신앙 유희 같은 것도 흥미있는 소재 일 텐데 시조에서 거의 나타난 바가 없어서 유감이다.

필자는 이조여인의 거의 상징인 신사임당과 황진이의 예를 들어 그들에게서 발견되는 여인상을 구현해보고자 한다.

2. 사족(士族)여인과 서민(庶民)여인의 생활

이조여성은 교육을 받지 못했다. 오직 한글을 익혀 의사를 소통하고 작시 독서도 한글로 했다. 많은 소설 시조 가사 등은 대개 그들이 지켜온 문학이요, 형성하고 가꾸며놓은 세계이다. 그래서 현실에서의 한과 정이 담긴 서민문학보다는 상류여성의 작품 속에 교훈적이고 규범적인 속성이 많이 보인다.

부인은 경서(經書) 여사서(女四書)를 읽어 뜻을 통하고 백가성(百家姓) 역대국호 성현의 이름이나 알 것이지 시(詩)나 사(詞)를 지어 외간에 퍼뜨릴게 아니라고 한 유학자 이덕무의 말을 다시 들어 그들이 바라던 바 여인상이 어떤 것인가를 음미해 볼 필요가 있다.[1] 주문위가 이른대로 '차라리 재주가 없을지언정 덕이 있는 여성'을 가장 이상적으로 생각한 전제적 여성관에서 온 것으로 시사를 지어 세상에 유전케 하는 일은 창기배나 할 짓이지 사족의 부녀가 할 것이 못 된다는 생각들이었다.[2]

이조의 남편들은 문맹의 아내를 지배하고 복종을 요구했다. 사족의 가정에서 더러 문학에 능한 여자가 있는 건 그들의 동생이나 오빠가 배우는 곁에서 어깨너머로 익힌 재녀들이었다. 영조 때 이산중의 아내 조씨는 제야의 감회를 다음과 같이 나타냈다.

"계활이 곤궁하고 연장 사십이라 상협 가운데 일촌 표백이 없고

---

1) 이석래, 이조의 여인상 (서울 을유문화사 1973. 2) p. 89

2) Ibid. p. 90

밤을 새와 바느질하니 괴로움을 이기지 못하더니 태중의 옷을 짓다가 곁에 자랐는 줄을 보니 아들이 나이 하나 더한 줄을 기꺼하여 닭의 소리를 즐겨 듣고 이 글을 쓰노라."[3]

여기서 선비의 아내로 제야에 태중의 아기 옷을 짓다가 곁에서 잠든 아들이 한 살 더한 것을 흐뭇하게 생각하며 가난도 오히려 편안히 잊은 행복 같은 것이랄까 부드럽고 다정한 어머니의 미소가 연상된다. 자식을 분신으로 사랑하고 아끼는 건 여성에게 더 없는 행복이요 고된 시집살이의 설움도 잊게 하는 보람이다. 이조의 여성은 엄한 유교적 예법의 굴레에 얽매이면서 모든 덕을 갖춘 인격을 이룩했다.

반면 서민여인들은 사족의 여인보다는 자유스러웠다. 그러나 그들의 생활은 빈곤하였다. 서민의 여인들은 농경을 위시하여 주로 양잠 제사 방적 침선 등 생산의 일부를 담당하였다. 지고(친가와 외가)를 받들고 남편을 섬겨야하고 노동을 해야 했다. 휴식없는 중노동의 연속 긴장과 고통 속에서 날이 저문다. 그러면서도 빈곤에서 헤어나지 못했다.[4] 이렇게 그들의 생활이 허덕이는 평민이 있고 또 서민층에는 주시할 것이 기생들이었다.

기녀는 기안에 오르고 관아에 예속된다. 경적에 오르면 경기, 지방에는 지방기라 하고 지방에 따라서는 급수비라는 잡역비가 연회때 기생으로 행세하기도 했다. 관기는 대개 15세부터 50세 까지 그러니까 동기에서 노기까지 기안에 올라있지만 퇴역한 기생은 술만 파

---

3) Ibid.

4) Ibid. p. 117

는 주모로 전업하는 경우도 있다.[5] 그리고 기생들 중에는 그들의 학문을 쌓아 시, 화에 능한 이도 있었고 그들은 자유로운 가운데 남자와 동등한 위치에 선 유일한 서민층이기도 했다.

3. 신사임당

신사임당 신씨는 강원도 강릉 북평 마을에서 연산 10년(1504)에 태어나 명종 6년(1551) 서울 삼청동에서 48세로 세상을 떠났다.[6] 사임당이 세상에 있기는 50년이 채 못되었으나 그 이름은 역사 속에서 푸르름을 더해 가고 있다. 지금으로부터 400년 전의 한 여성을 두고 많은 사람들이 우러르는 까닭은 여성으로서 지녀야 할 한 이상 상을 갖추었다고 생각되기 때문이다. 사임당은 어머니를 극진하게 섬긴 효녀요, 남편을 받든 현부인이었으며, 자녀들에게는 자애로운 어머니였다. 뿐만 아니라 문학과 덕이 높고 시와 글을 잘하고 글씨를 잘 쓰며, 그림과 자수에 뛰어 났으니 한 인격 속에 모든 것이 구비 되었다고 하겠다. 그 당시 여성들은 엄한 유교적 예법의 굴레에 얽매어 자기를 마음 놓고 내세우지 못하던 때이다. 남녀가 일곱 살이 되면 자리를 같이 하지 않는다느니 여자는 어려서 어버이에 순종하고 시집가서는 남편의 시중들고 늙어서는 자식의 말을 좇아야 한다는 것이다.

---

5) Ibid. p. 125-126

6) 예용해, "사임당과 오늘의 여성" 여원 1965년 5월호 (서울, 여원사, 1965. 5) p. 146

그런데 사임당은 이런 인습의 굴레 속에서도 부덕을 갖춘 인격을 이룩했고 또 높은 문학의 경지에 다다랐으며 시문에 능하였을 뿐 아니라 사화 지수에서도 아름다운 예술의 세계를 개척했던 것이다. 사임당은 평소에 몸이 연약한 편이었다. 이런 약질로 슬하에 사남 삼녀를 두고 그들 가운데 율곡과 같은 이를 길러 냈으니 그만치 힘과 공도 많이 쏟았을 것이다.

4. 사임당의 시

사임당이 진사 신명화 선생의 따님으로 출가한 후에 강릉에 오래 머물러 살았다. 시부모를 뵙기 위해 서울을 다녀간 일도 있기는 했으나 시댁의 살림을 주관하기 위해 아주 서울로 옮겨온 것은 38세 때의 일이다. 해발 1077미터의 대관령 여기를 넘으면 강릉 땅은 보이지 않는다. 산마루에 올라서자 발아래 굽어 뵈는 고향마을 북평을 바라보며 감개에 잠겼던 것이다. 부친이 작고하신지 20년이요 홀로 처진 62세의 늙은 어머니를 생각하며 가득이나 다정다감하고 효심이 각별한 사임당의 흉중이 어땠을까. 필자가 이 시를 읽을 때 마다 느껴지는 것은 지극한 정이다. 어머니를 생각하는 마음을 그대로 흘렸을 뿐 글을 꾸미고 다듬은 자국이 보이지 않으나 이것이 우리를 감동시키는 것은 진실이 때로는 기교를 능가하기 때문이다. 이런 사행시를 절구라 하고 여기에는 압운(시행의 일정한 자리에 같은 운을 일정한 자리에 같은 운을 규칙적으로 다는 일)이니 평측(한시에서 음운의 높낮이)이니 하는 까다로운 법칙이 따르는 것이지만 그런 설명을 생략하고 각행을 감상하기로 하자.[7]

踰大關嶺望親庭　유대관령망친정
慈親鶴髮在臨瀛　자친학발재임영
身向長安獨去情　신향장안독거정
回首北坪視一望　회수북평시일망
白雲飛下暮山靑　백운비하모산청

'어머니 백발되어 임영에 계신데 몸은 서울 향해 외롭게
정을 떼는 구나'

기(起) 귀에서는 남편을 여의고 고향에 홀로 남은 늙은 어머니의 외로움이 우리의 가슴을 울린다. 그리고 이것을 받아 승(承) 귀에서는 어머니와 헤어져 홀로 떠나는 딸의 기막히는 슬픔이 글자 밖에 풍긴다. 정든 부모의 슬하를 생이별하고 떠나야 한다는 여인의 윤리야 말로 고통스러운 애정의 십자가 일 것이다. 홀로 남은 어머니와 떠나야 하는 딸의 슬픈 운명이 얼마나 순순히 그리고 애절하게 이 두 줄에 나타나 있는 것이다.

7) 이원섭, "지정의 시" 여원 1965년 5월호 (서울, 여원사, 1965. 5) p. 127

'머리돌려 북평을 바라보니

흰구름은 날아 저녁하늘에 내리는데 산빛은 푸르구나'

기 승이 헤어지는 모녀의 정을 나타낸 것이라면 전(轉) 귀가 보여주는 것은 그리운 마음을 품은 채 대관령에 올라 고개 돌려 마지막으로 고향을 바라보는 사임당의 행동이다. 결(結)귀는 먼 산에 흰구름 날고 해가 기우는 광경이다. 이런 풍광의 묘사를 통해 오히려 그립고 애타는 정을 강하게 풍겨 오는 것이다. 어머니를 생각하는 지순한 정이 그대로 흘러 우리를 감동하게 한다.

'千里家山萬疊峰　歸心長在夢魂中

천리가산만첩봉　귀심장재몽혼중

寒松亭畔孤輪月　鏡浦臺前一陳風

한송정반고륜월　경포대전일진풍

沙上白鷗恒聚散　波頭漁艇任西東

사상백구항취산　파두어정임서동

何時重踏臨瀛路　綵服斑衣膝下縫'

하시중답임영로　채복반의슬하봉

천리의 고향 만겹의 봉우리! 첫줄은 그야말로 천군만마가 갑자기 밀어 닥치는 듯 향수의 고고한 감정이 눈앞에 나타나니, 천리를 채

운 것이 봉우리가 아니라, 작자의 만경시름인 것이다.[8] 이 무겁게 의고된 감정의 덩어리는 너무나 벅찬 것이기에 부드럽게 용해되고 펴지 않으면 안된다. 그러기에 꿈속에서도 고향을 찾는 여린 정서가 이 것을 받고 고향의 풍물에 대한 추억으로 시는 전개되어 가는 것이다. 율시에서는 4행과 3행, 5 6행이 각기 대를 이루어 그리움은 한송정, 경포대로 다시 백구나는 모래사장과 고깃배 흩어지는 바다로 번지는 것이다. 이 시에서도 고향에 대한 그리움과 어머니에 대한 사모가 관련을 가지고 있다.

'夜夜析向月 願得見生前' 야야석향월 원득견생전

이글에도 어머니에 대한 지극한 효성이 나타나있다.[9]

이상의 세편은 모두 다 어머니를 생각하는 시이다. 이 세편의 시를 통해 우리는 효도는 희생의 길이요 그리움이라는 것을 느낄 수 있다는 것이다. 필자는 사임당을 생각할 때 여인의 아름다운 시인의 품성과 가시밭 같은 길을 걸어오면서 느꼈을 가슴속의 아픔을 아름답게 승화 시킨 정신에 머리를 숙인다.

---

8) Ibid. p. 128

9) Ibid.

5. 황진이

기생 황진이는 이조 중종 때 송도의 명기로 아름다웠을 뿐 아니라 노래와 거문고에 능하고 서사에도 밝았다. 한국여류시인들 중 한 사람으로서 재색을 겸비한 풍류 여랑으로서 그 이름을 당대 뿐 아니라 그가 남긴 수편의 시문들과 함께 후대에 까지 널리 알려진 친숙한 이름이다. 황진이는 일찍이 서화담의 도학과 박연폭포와 자기를 가리켜 송도의 3절이라고 말한 바 있다.[10] 이것은 그의 자부심이 얼마나 강하였는가를 말해줌과 함께 조국산천을 사랑하고 학덕을 겸유한 화담 서경덕 선생에게서 보는 바와 같이 고결한 인격을 얼마나 존중하고 높이 평가하였는가를 말해주는 것이라고 하겠다. 황진이는 비단 자기 자신에 대해서 뿐만 아니라 조국의 산천에 대해서도 커다란 애착심과 자부심을 가지고 있었다. 황진이 는 일명 진랑이라고도 하며 자는 명월이라고도 한다. 그가 자를 명월이라고 지은 까닭은 세상을 비웃고 구역질 하는 자기의 속박됨이 없는 헌출한 심경을 밝은 달에 견준데 있다고 전해진다.

황진이의 시조는 여섯 수밖에 남아있지 않다.

산은 옛 산이로되 물은 옛 물이 아니로다.
주야에 흐르니 옛 물이 있을 손가
인걸도 물과 같도다 가고 아니 오는 것은.

---

10) 최용진, “황진이” 한양 1962년 5월호 (서울, 한양사, 1962. 5) p. 95

이 시는[11] 언뜻 보면 유구한 자연에 대한 짧은 인생의 무상을 노래한 것이다. 청산을 자연에 비유하고 인걸은 물로 비유했다. 그래서 흘러간 물은 가서는 다시 돌아오지 않는 인생과 같다는 뜻으로 해석할 수 있을 것이다. 그러나 황진이가 기생으로 정을 준 사람도 없지 않았을 것이다. 그러므로 산은 황진이 자신으로 비유하고 물은 자기가 기억하는 여러 인걸들로 생각한다면 이미 죽었을 그들에 대한 추억의 노래라고도 생각된다. 또 한 때는 그녀를 사랑하다가 이제 다시는 마음을 돌리지 않는 많은 인걸에 대한 원망을 노래한 것으로도 생각된다.

어져 내 일이야 그릴 줄을 모르던가
이시랴 하더면 가랴마는 제 구태어
보내고 그리는 정은 나도 몰라 하노라

이 시는[12] 그녀의 실연한 사랑에 대한 회한어린 글이다. 그 남자가 간다고 하였을 때 그녀는 가지 말라는 말 한마디 못하였다. 너무나 수줍어서인지 아니면 자존심이 강해서 그런지 모른다. 가지 말라는 말 한 마디만 하였던들 안 갔을지도 모른다. 그래서 자기를 버리고 간 남자를 허물하지 않고 붙들지 않는 자신만을 탓한다.

---

11) 조운제, "황진이의 시와 한국시의 전통" 사상계 1970년 4월호

12) Ibid.

동짓달 기나긴 밤을 한 허리를 베어내어
춘풍 이불 아래 서리서리 넣었다가
님 오신 날 밤이 여든 굽이굽이 펴리라.

이 착한 여인은 자기를 버린 임을 기다린다. 분단장도 하고 음식도 만들어 놓았을 것이다. 그러나 임만 오면 시간은 늘 빨리 간다. 그래서 동짓달의 긴긴밤의 일부를 잘라내어 밥을 묻듯이 아랫목 보료 아래 묻어둔다. 그래서 임이 오면 묻었던 시간을 끄집어내어 굽이굽이 펴서 정회를 풀어 보자는 것이다.[13] 여기서 필자는 애타게 기다리는 한국의 여인을 생각한다.

내 언제 무신하여 님을 언제 속였관대
월침 삼경에 올 뜻이 전혀 없네
추풍에 지는 잎 소리야 낸들 어이 하리오.

님을 기다리는데 님은 오지 않는다. 그래서 황진이는 화가 났다. 자기는 님을 속인 일도 없다고 원망한다. 혼자 방에 누워서 귀를 온통 사립문 쪽으로 기울여도 달이지고 때는 삼경인데도 님은 오지 않는다. 가을바람에 지는 낙엽소리에 행여 임인가 놀라지만 이것은 분명히 임이 오는 발자국 소리는 아니다. 숨 막히도록 처절한 고독한 여인의 마음이다. 끝으로 낸들 어이 하리오 하며 오히려 체념하고 마

13) Ibid. p. 346

음속으로 그 남자를 용서하고 달관하게 된다.[14)]

청산리 벽개수야 수이 감을 자랑마라
일도 창해하면 다시 오기 어려워라
명월이 만공산하니 쉬어간들 어떠리.

산골 물은 임으로 비기고 밝은 달은 자기로 비겼다. 그 산골 물은 명월을 버리고 빨리 달아난다. 수이 감을 자랑 말라고 끝없는 원망과 연모가 뒤섞인다. 그러나 한 번 가면 다시 오지 못하니 쉬어간들 어떠리 하고 부드럽게 달래본다. 남자를 물에 비기고 공산에 뜬 명월을 자기로 비긴 것이 재미있다. 남존여비의 시대에 더구나 반상의 계급이 뚜렷한 때에 기생인 자기를 명월에 비기고 종친의 한 사람을 산골 물로 비유했다는 것은 주의할 만한 이야기이다. 이것은 황진이의 예인으로서의 자존심 미인으로서의 자존심이 아닌가 생각된다.[15)]

청산은 내 뜻이요 녹수는 님의 정이
녹수 흘러간들 청산이야 변할 손가
녹수도 청산을 못 잊어 울어 예어 가는고.

그녀의 자존심, 애정은 푸른 산에 비유하고 애인의 사랑은 녹수

14) 최용진, op. cit.

15) 조운제, op. cit. p. 347

에 비긴다. 녹수는 흘러가지만 청산인 자신은 변하지 않는다고 단언한다. 여기서는 정조를 지켜야 되니까 지킨다는 소극적인 도덕적인 규율이 아니라 오히려 그 도덕률을 넘어 선 적극적인 사랑의 선포다. 사랑 때문에 모든 고난을 달게 받겠다는 달관한 경지에서 인내의 선포다. 이제는 녹수야 흘러가면 흘러가도 좋다는 비움이다. 울어 울어 흘러가는 녹수를 동정까지 한다.[16)]

이렇게 필자는 황진이의 시 여섯 수를 감상하였다. 황진이의 정서는 자존심이 강한 여자가 아무 이유 없이 그 애인에게 버림받고 느끼는 절망 고독 그래도 그 남자를 허물하지 않는 연모 관용 그리고 인내하는 섬세한 감정이다.

6. 이조의 여인상

이조의 여인들은 엄격한 유고적 예법의 굴레에 얽매어 자기를 내세우지 못하였다. 그러한 가운데 신사임당과 같이 이런 인습의 굴레 속에서도 모든 부덕을 갖추어 그들은 부모를 모시는 효녀였으며 남편을 받드는 현부인이었으며 자식들에게는 자애로운 어머니였다. 사임당의 효행관념은 삼강행실의 영향을 받은 것이기도 하고 희생정신과도 상통하는 것이다. 현대 여성들의 사고방식과는 차이가 없지도 않을 것이다. 현대 여성은 개인주의적이요 이지적이다. 타산적이

16) 최용진, op. cit.

기도 하다. 이러한 사임당의 부덕, 효행, 희생 같은 것은 현대여성의 기질에서 볼 때 탄식을 자아내는 것일 뿐일 수 있다. 그러나 아무리 시대사조가 달라졌다 하더라도 참된 효성은 신사임당처럼 희생적이요, 몰아적이어야 하는 것이 아닐까 하고 필자는 생각한다.

황진이는 기생으로서 뿐만 아니라 한국여류시인으로써 유명하다. 그 자신이 송도의 삼절이라 하였으니 그의 자부심이 얼마나 강한가를 가르쳐 준다. 또는 조국산천을 사랑하고 또 거기에 대한 애착심과 자부심을 가지고 있는 것을 또한 말해준다. 황진이는 자존심이 강한 여자로서 애인에게 버림받고 그래도 그 남자를 허물하지 않는 연모, 관용, 인내하는 여인이었다.[17]

이조의 여인상은 인내 속에서 살았으며 그 속에서 하나의 완성된 인격을 이룩해 왔다고 생각된다.

7. 결론

대부분의 이조의 여성은 교육을 받지도 못했다. 사족의 여인의 경우도 그러했으니 서민의 여인들은 말할 필요도 없을 것이다. 한글만 겨우 익혀 의사소통하고 한글로 쓰고 읽었을 뿐이다. 그러는 가운데 비교적 자유스러웠던 서민여성들은 한과 정이 담긴 작품을 써 감정을 약간 나타냈으나 상류사회 여성 즉 사족의 여인들은 엄격한 유

---

17) 장덕조, "효녀의 귀감" 여원 1965년 5월호 (서울, 여원사, 1965. 5) p. 144

교적 예법의 굴레에 얽매어 남녀가 일곱 살이 되면 자리를 같이 하지 않았다느니 여자는 어려서 어버이에 순종하고 시집가서는 남편의 시중들고 늙어서는 자식을 좇아야 한다는 등으로 여자는 항상 어딘가에 예속되고 얽매어 기를 못펴고 감정을 항상 억누르고 살았다. 그래서인지 모르지만 우리의 고유한 인내심은 어딘지 모르게 여기 우리 선조의 생활에서 나왔다고 필자는 생각하는 바이다. 사족의 여인들의 작품은 교훈적인 것이 많다. 서민생활이 좀 자유스러웠으나 그들은 빈곤 속에서 헤어나지 못했다. 항상 빈곤 속에서 헤어나기 위하여 중노동을 하였다. 그중 서민 가운데 기녀들은 남자와 동등한 위치에서서 자유롭게 행동했으나 결코 자유로웠던 것이 아니라 관청에 예속되었던 신분이었던 것이다.

이런 생활의 구조에서 살았던 여인들 가운데 현재 가장 인상 깊게 우리의 머릿속에 남아있는 신사임당과 황진이를 알아보고 그들의 인간상을 그려 보았다.

사임당은 어머니를 극진하게 섬겨 효녀요 남편을 받들어 현부인이었으며 자녀들에게는 자애롭고 인자하신 어머니였다. 이렇게 여자로서 갖추어야할 덕성을 다 갖추고 살아온 것이다. 그러나 사임당은 여기에 그치지 않고 문학과 시와 글을 잘하고 글씨 잘 쓰며 그림과 자수에 뛰어났으니 사임당에게 안 갖추어진 것이 없었다. 전체적 여성관에서 보면 재주는 없을지언정 덕이 있는 여성을 중요하게 여겼다. 그런데 사임당은 덕 뿐만 아니라 재주도 있으니 가장 이상적인 여인상이 아닐까하고 필자는 생각한다. 사임당의 시는 3편이 전해 온다. 이것들 모두 어머니를 생각하는 시다. 사임당은 다른 시는 짓지 않았느냐는 의문이 날 것이다. 왜 이렇게 어머니 생각하는 시만 썼나? 필자는 이조시대는 효를 지나치게 중시하던 사조 때문이라고 생각되고 사임당은 출가하여 어머니와 생이별하였으므로 어찌 마음에 사무치도록 어머니를 생각지 않을 수 있으랴. 효도는 희생의 길이요 생명의 길이기 때문에 신사임당이 걸어온 아름다운 품성과 아픔 앞에 머리가 숙여진다.

황진이는 한국 여류시인들 중의 한 사람으로서 여러 편의 시문들과 함께 우리와 친숙한 이름이다. 황진이는 서화담의 도학과 박연폭포와 자기를 가리켜 송도의 삼절이라 하여 그의 자부심이 얼마나 강한지를 보여 준다. 황진이의 시조는 여섯 수밖에 남지 않았다. 황진이는 사랑을 노래하면서 한국의 여인만이 가질 수 있는 미덕을 나타내었다. 자기를 버리고 간 남자를 원망하지 않고 오히려 붙들지 않은 자신을 탓하는 것을 볼 수 있다. 사랑노래 구절마다 자긍심이 강한 모습을 볼 수 있다. 이런 여자가 이유 없이 애인에게 버림받고 절망 고독감을 느끼면서도 그 남자를 허물하지 않고 계속 연모하고 관용을 베풀면서 인내하는 내면의 섬세한 감정을 볼 수 있다.

이렇게 이조 여인에게서 우리는 인내하면서 그들 자신의 생활을 성실하고 충실하게 살아 가는 모습을 볼 수 있다. 아마도 덕을 중요시하는 이조시대의 규범 때문이라고 생각된다. 그래서 이조 여인의 가장 이상적인 여인상은 덕이 있는 여자였다. 사회가 요구하는 대로 이조의 여성은 인내로 자기의 위치에서 참아가며 덕이 있는 여성으로서 딸, 아내, 어머니로서 구실을 다하며 살아갔던 것이다.

- 1974년, 교양한국어강좌 레포트

참고문헌

단행본 –

이석래, 이조의 여인상, (서울, 을유문화사, 1973)

월간지, 잡지 등 기타 –

예용해, "사임당과 오늘의 여성", 여원, (서울, 여원사, 1965. 5)

이원섭, "지정의 시", 여원, (서울, 여원사, 1965. 5)

장덕조, "효녀의 귀감", 여원, (서울, 여원사, 1965. 5)

조운제, "황진이의 시와 한국시의 전통", 사상계, (서울, 사상계사, 1970. 4)

최용진, "황진이", 한양, (서울, 한양사, 1962. 2)

현대사회이론 1

– M. Weber의 Social Action과 T. Parsons의 Action Theory

진형란

1. Weber의 Social Action

현대 사회행동이론의 시원 점은 베버로부터 시작된다. 사회학에서 관심을 두는 행위는 수많은 행위 중에서도 타인에게 지향된 행위인 것이다. 이러한 의미에서 베버는 "행위자가 생각하고 있는 의미에 따라 타인의 태도에 관계되고 그 경과에 있어서 이에 방향 지워지고 있는 행위"를 사회적 행위라고 하는 것이다. 즉, 행위자의 주관적인 의미가 결부되어 있으면서 목적을 지향하고 있는 행동을 말하는 것이다. 의미없이 습관적으로 반복하는 동작은 사회행동에 포함될 수 없는 것이다.

① 목적 합리적 행동

일정한 목적을 달성하기 위해서 행동의 결과를 충분히 예상하면서 합리적으로 고려한 수단을 택하는 행동이다. 따라서 목적 합리성을 추구하는 행위자는 행동의 수단을 선택할 때 그 수단의 결과가 목적달성에 일치하는가 안하는가를 고려하며 행동한다는 것이다.

② 가치 합리적 행동

행위의 결과를 고려하지 않고 오로지 동기와 절대적 가치만을 믿고 행하는 행위이다. 절대적으로 고유한 자체의 가치를 의식적으로 신봉함으로써 행동의 결과를 수행하는 행동이다.

③ 감정적 행동

비합리적 감정이나 정서에 뿌리박은 행위이다. 감정의 상태를 추구하고 그 결과에 만족하는 정서적인 행동을 말한다.

④ 전통적 행동

무자각적으로 관습 전통에 따라 행하는 행위이다. 행동의 이유나 근거를 살펴보지 않고 확립되어 있는 기존의 행동방식에 따르는 행동이다.

이상과 같이 베버의 사회적 행동을 4 가지 유형으로 분류했는데 베버는 사회적 행동의 동기를 중요시하고 이 동기는 의미가 있어야 한다는 것이다. 그는 특히 목적 합리적 행동(rational goal)을 강조하고 현대사회의 특징 즉, 현대인의 특징으로서 목적 합리적 행동을 중요시 했다.

2. Parsons의 Action Theory

(1) 독일의 막스 베버가 사회적 행위를 취급한 것을 계기로 하여 그의 영향을 받아 미국의 Parsons는 행위의 일반이론(general theory toward action)을 전개하였다.

Parsons는 인간행위의 특징에 관해서 다음 4가지 요소를 말하고 있다. ① 목적, 목표를 가지고 무엇인가 예기된 사태의 달성을 지향하고 있다는 점 ② 진공 속에서가 아니라 특정의 상황에서 발생하고 있다는 점 ③ 행위를 구속하는 규범에 의해 규제되고 있다는 점 ④ 행위의 밑바닥에 동기화(motivation)의 에너지를 가지고 있다는 점을 지적하고 있다. 예를 들면 한 남자가 낚시질을 하기위해 어느 호숫가를 자동차를 타고 갔을 경우 낚시질은 목표이고 호수, 자동차, 도로는 상황이며 자동차를 운전한다는 것은 규범에 따른 지적 수단이며 여러 가지 수단 중 자동차를 운전하고 가겠다는 것은 동기화에 의한 에너지의 소비라고 말할 수 있는 것이다.

이 네 가지 요소는 인간의 어떤 의미나 목적의식을 가지고 행위하려고 하는 한 분석될 수 있는 최소한의 단위라고 말할 수 있다. Parsons는 행위를 세부적으로 분석하고 있을 뿐 만 아니라 행위를 중심으로 전개되는 세 가지 측면 즉, 퍼스낼리티, 사회, 문화를 들어 이 삼자를 대상으로 하는 학문영역으로서 심리학, 사회학, 인류학을 구분하고 있는 것이다.

(2) Parsons는 상호관계의 기본 구조를 다음과 같이 밝히고 있다. 자아(ego)와 나 아닌 다른 사람(alter)의 상호관계는 social system의 가장 기본적인 형태이다. 이 둘은 social system에서 복잡한 형태로 나타난다. ego와 alter의 상호관계는 그 밖의 다른 것에 대한 지향의 각각 목적들이 있고, 지향과 비사회적인 대상까지의 기본적인 다른 점은 이 둘의 관계에 있다.

첫째는 ego의 행동의 결과는 ego가 행하는 것에 대한 임시적인 alter의 반응이므로, ego는 행동 초월한 alter 뿐만 아니라 ego가 alter의 기대를 ego의 행동으로 기대하게 된다. 그래서 ego는 alter의 기대들을 alter행동에 영향을 줄 수 있다고 기대한다.

둘째는 통합된 체제 속에서는 다른 것의 기대에 대한 태도는 상호적이고 보충적이다. ego와 alter의 두 인간은 구체적인 상황에서 상호작용한다. 이 상황에는 사회적인, 물리적 환경적 요인과 문화적인 요인이 개재된다. 이 상호작용에는 동기가 있고 동기란 관점에서 사회적 행위를 일정한 목적을 달성하기 위해서 합리적으로 수단을 고려하는 rational action을 하게 된다. 동기에 따라 목적을 추구해야 하는데 이 목적은 문화적 가치(cultural value)에서 동기를 받는다. alter와 ego는 의사소통하는데서 기대되는 행동이 나오게끔 하고 가치에 따라, 구체적으로 도덕적 유형 혹은 규범(norm)에 따라 행동한다. ego와 alter는 같은 문화, 공통되는 가치관 속에 서로의 역할을 이해 할 수 있다. 그런데 이들은 자유의지에 따라 선택판단하며 자기의 목적대로 행동한다. 이때 가변적인 상황 속에서 계속 대처해 나가는 노력을 인간은 해 나가게 되는데 이 경우에 있어서 선택판단을 사회적 문화적 가치에 의해할 것인지, 그와 무관하게 개인의 선택인지가 문제된다. 그래서 Parsons의 후기에서는 action을 사회체제유지에 강조를 두었다. 가치창조 보다는 외부적인 것을 받아들여 내면화 한다는 것이다. 개인이 추구하는 가치는 사회가 주입한 것이고 사회의 추구를 위해 인간은 계속 추구해 나간다는 것이다.

(3) Parsons는 Weber의 영향을 받아 심리학적 방향으로 더욱 발전시켜 사회행동을 다음과 같이 분류했다.

① 적응적 행동 : 행위자가 자연환경과 사회의 기대에 자신의 욕구를 적응해가는 행동을 말한다.
② 목표 달성적 행동 : 생활의 의미와 목표와 방향을 추구해가는 행동이다.
③ 통합적 행동 : 생활의 분열이 일어났을 때 그것을 통제하고 재통합하려는 행동을 말한다.
④ 잠재적 행동 : 생리적` 심리적` 사회적 여러 긴장이 생성되었을 때 긴장을 처리하는 행동을 뜻한다.

(4) Parsons는 유형변수라는 이름으로 사회행동을 이해할 수 있는 틀을 제시하고 있다.

① 감정성(affectivity) - 감정중화성(affective neutrality)

② 광범성(diffuseness) - 한정성(specificity)

③ 귀속성(ascription) - 업적성(achievement)

④ 특수성(particularism) - 보편성(universalism)

⑤ 집중지향성(collectivity orientation) - 개인지향성(individual orientation)

그는 위와 같이 전근대적 사회와 근대적 사회 속에서 우세한 행동유형을 분석적으로 추출하였다. 이 유형변수는 대단히 체계적이고 분석적이다. 비단 사회행동에만 관련되는 것이 아니라 문화와 사회체계에도 관련되는 변수들이다.

3. Weber와 Parsons의 연관

현대 사회행동이론의 시원점을 이룬 Weber는 사회행동을 행위자의 주관적인 의미와 결부시키고 목적을 지향하고 있는 행동이라 규정하였다. 즉, 사회행동의 의미성을 주장하고 동기를 중요시하여 동기란 관점에서 사회적 행위를 일정한 목적을 달성하기 위하여 합리적 수단을 고려하는 목적 합리적(rational goal) 행위를 주장한 것이다.

이러한 Weber의 영향을 받아 Parsons는 현대사회인의 행동을 적응적 행동, 목표 달성적 행동, 통합적 행동, 잠재적 행동으로 분류하였는데 이 가운데 목표 달성적 행동은 생활의 의미와 목표와 방향을 추구해 나가는 행동으로써 의미성을 강조하는데서 출발하는 것이다.

Weber의 영향으로 의미성을 강조한 Parsons는 자유의지에 따라 선택 판단하여 자기 목적대로 행동한다는 그러한 선택이 사회적 문화적 영향인가 혹은 개인의 선택인가를 문제 삼는 것이다. 그래서 Parsons의 후기에 가서는 action의 사회체제 유지의 성격에 강조를 두었던 것이다. Parsons는 유형변수라는 이름으로 사회행동을 분류했고 이것은 발전하여 문화와 사회체계에도 관련되는 변수로 발전되었던 것이다. 이들 변수를 가지고 전통사회, 산업사회, 전근대성, 근대성 등 사회체계 성격을 측정하는 것으로까지 발전을 보았던 것이다.

- 1976년 사회학과 4년학 2학기 레포트

논평

※ 파슨스의 상호작용론의 설명은 비교적 잘 되었음. 그러나 베버의 행동론(사회관계)과의 연관성이 잘 설명되지 않았음. 목적 합리적 행동의 사회관계 도식이 설명 되지 않았음. (이효재 교수)

이조후기의 사회사상
– 실학사상을 중심으로

진형란

1. 서론

이씨조선의 오백 여년의 역사를 살펴볼 때 사회면, 경제면, 정치면, 사상면 등에서 큰 전환점으로 간주될 수 있는 것은 임진왜란이라 할 수 있다. 전후 7년에 걸친 왜란은 끝났으나 이 대란이 국내외에 끼친 영향은 대단히 큰 것이었다.

조선이 입은 피해는 참으로 커서 국토는 황폐화 되었고 인구는 감소되고 기근과 질병이 수반되었다. 오랜 전란으로 수도 한양의 호수는 8-9만호에서 3-4만호로 감소되었다. 인구는 전전에 비해 1/6내지 1/7로 감소되었다. 토지도 전전의 출세결수 170만결이 전후에는 54만결로 감소되었다. 또한 각종 건물과 문화재가 분실되는 피해를 입었다. 이와 같이 임진란을 계기로 조선 전기사회는 급격한 전환의 시기에 들어서게 된 것이다. 더욱이 경제적 파탄과 관료기구의 부패 및 해이는 혼란을 가중시켰다. 전란으로 토지대장과 호적이 소실되어 조세나 요역의 징발이 어려워졌고 국가재정은 파탄에 이르렀는데 양반관료는 부패하여 토지겸병을 통해 농장을 확대시켜나갔다. 이와 같은 경향은 국가재정을 파국으로 몰아가 국가에서는 이를 해결하기 위하여 양전을 단행하였으나 소기의 성과를 거들 수가 없었다. 여기에 농민에 대한 수탈만 가중되어 백성의 생활은 곤궁에 빠지게 되었다. 국가로서는 궁여지책으로 재정곤란을 구하기 위하여 미곡을 납입케 하고 그 댓가로 관작을 주는 제도를 실시하였으나 결국 매관매직의 악폐를 자아냈을 뿐이다.

이런 사회적 배경 속에서 지식인들 간에는 냉철한 자기비판과 반성의 기운이 일어난 것이다. 성정(性情)과 이기(理氣)를 따지던 과거의 이론 투쟁과 당파싸움이 민족의 진로를 얼마나 그르쳐 왔는가 하는 현실에 대한 새로운 인식과 함께, 민족적 자아의 재발견 그리고 여기에 중국을 통해 들어오는 사양문화의 자극은 하나의 새로운 지적인 움직임을 태동케 하였던 것이다. 이 지적 움직임이 실학인 것이다. 실학사상은 이와 같이 임진란과 이후의 사회경제적 변동에서 함께 발생하였으며 거기에 따라 발맞추어 전개되었고 이조후기의 사회 및 경제적 실태를 반영시켜주는 것으로 전개되었다.

우리의 현시점에서 살펴보면 우리나라 근대화 과정에 있어서 토지제도, 상공업 기타 생산기술의 개혁과 향상에 관한 문제 내지는 제반생활 사상에 있어서의 실용, 실증적 정신의 보급에 관한 문제들이 모두 학문적으로 진지하게 연구되고 실천되어야 한다고 본다. 그런데 이러한 문제들이 조선 후기의 선현들에 의하여 절실하게 다루어져 있어서 오늘날의 연구와도 바로 연결될 수 있는 것이며 이 학풍은 근대 계몽기의 선학들에게 현실적인 학문으로 인식되었던 것이다. 따라서 그 당시 선현들이 품었던 고민이 곧 오늘의 고민이 되고 그분들이 제기한 문제가 곧 오늘의 문제로 되는 것이라고 생각되며, 그런 취지에서 현실적 의의를 가진 학풍이라 생각되는 것이다.

그래서 필자는 우선 위와 같은 사회 경제적 배경 속에서 싹튼 실학의 모습부터 근대화의 물결이 들어오는 개화기 사상으로 계승되는 면까지 살펴보고자 한다. 그리고 이 실학사상이 조선사회에 끼친 영향과 그럼으로써 다른 한편에서는 개화사상과 연관되는 면에서 그 의의를 찾아보고자 한다. 중요한 점은 이 과정에서 단지 실학이 학문으로써만 발전된 것이 아니라 사회 경제변천과 더불어 사회의 발전되어 가는 모습을 찾아본다는 점이고, 이조후기의 사회 및 경제적 실태를 반영시키는 학문이었음을 살펴보고자 한다.

2. 본론

사회와 학풍은 서로 연관이 있다. 학풍이란 사회적 상황의 필요성에서 적용될 이론의 개발과 관련해서 만들어지게 되는 것이다. 당시의 실학이란 학풍의 등장이 어떠한 사회적 상황에서 개발되고 만들어지는지를 이해하기 위해서 우선 조선시대의 사회적 상황에 대해 살펴보고자 한다.

조선사회는 봉건사회로써 우리나라 역사상 가장 정체된 사회였고 따라서 암흑기로 표현하기도 하지만 필자가 생각하기로는 19세기 후반에 닥쳐오는 서양문화와 개화기에 해당하는 그러한 시기에 대처하는 생각 등을 고려할 때 꼭 그렇게 폄하할 수만은 없다고 생각한다. 그럼 먼저 이조후기의 실학이라는 학풍이 일어나게 된 사회적 배경에 대해 생각해보자.

고려 말에 전래된 주자학은 이조사회에 있어서 정교의 지도이념이 되면서 학문이 주자학으로만 치우쳐 이조사회는 주자학의 테두리 안에서 벗어나지 못하는 형편이었다. 이러한 현상은 이씨왕조의 확립과 더불어 사회체제가 경화되어가면서 또 한편으로는 이에 내포된 여러 가지 모순이 사회변천에 따라 더욱 확대되어 가면서 여러 가지 폐단이 생겨났던 것이다. 그리고 이조 중엽에 임진왜란과 병자호란을 거치는 동안 내부의 제 모순과 갈등이 더욱 격화되어 갔고 이로써 지배층의 대립과 항쟁이 격화되었고 정국은 혼미상태에 빠지게 되었다. 이 과정에서 일부 양반의 몰락을 초래하지 않을 수 없었고 일부 관료들의 가렴주구는 도를 더하여 농촌은 더욱 쇠퇴하지 않을 수 없었다.

이렇듯 사회상태가 악화되어가는 속에서 학자들 사이의 냉철한 자기비판과 반성의 기운으로 새로운 학풍이 태동하기 시작한 것이다.

2.1 실학사상의 발전

1) 신사조의 준비기

실학사상의 발전과정은 태동의 시기로서 일종이 준비기와 기존의 여러 사상과 대비되고 경쟁하는 과도기 그리고 이 과도기를 거치면서 근대적 사상으로의 면모를 드러낸다고 할 수 있다. 그러나 근대적 성격의 실학은 이씨조선의 개항기와 함께 외래문화의 수용 혹은 대치하면서 정치적 격변을 맞게 되는 것이다. 이하에서는 이러한 실학사상의 발전과정을 살펴보기로 한다.

조선의 중기에 해당하는 선조, 광해군, 인조 시대가 실학이라는 신사조의 준비기라 할 수 있겠다. 신사조의 준비기의 특징은 비조직적인 시책으로서의 정론(정책)이 관료의 손(의식)에 뚜렷이 보이고 있다는 점이다. 이 당시 때마침 자극적인 서양문물의 서광이 보이기 시작하나 이들은 아직 호기심의 대상이었을 뿐이었기 때문에 비조직적인 시책에 머문 것이라고 할 수 있다. 비조직적인 시책으로서 정론은 임진·병자의 양란 후 약화된 봉건국가의 강화책을 주요내용으로 하며 그런 의미에서 봉건적 이데올로기를 대변하는 것이라 하겠다.(각주1)

임진·병자 양란 이후의 이씨조선이 재정적위기에 처하면서 가장 진지하게 이 문제를 다루어 온 사람은 김육이었고 그의 건의안이 국가정책에 반영되었던 것이다. 그의 건의안 중 대동법과 주전행용(鑄錢行用)에 관한 것이 있다. 임진과 병자의 양란 이후 사회실정은 농민이 이산되고 정부는 백성의 정확한 수조차도 파악하지 못하는 실정이었다. 따라서 국고는 텅비어 정부의 집권력이 극도로 약화되어 있었던 것이다. 그래서 정부는 재정난의 타개책으로 대동법을 실시하게 되었다. 이전까지 일반 백성이 국가에 바치는 세금은 곡식으로 바치는 토지세인 전세, 노동력을 직접으로 바치는 노역, 그리고 각 지방의 특산물을 바치는 공물로 크게 세 가지로 대분할 수 있다. 그 중에서도 공물은 부담 그 자체로 압도적으로 크거니와 부과하는 기준도 일정치 않고 현물을 바쳐야 하기 때문에 운송의 불편, 품질심사에 따르는 부정 등으로 가장 폐단이 컸던 것이다.

따라서 공물을 전세와 마찬가지로 곡식으로 바꾸어 받치게 하고 받치는 수량은 전세보다 훨씬 많았다. 그리고 정부 기관에서는 필요한 현물을 이 세곡으로 사들이는 원칙을 세운 것이 대동법인 것이다. 대동법은 광해군 초(1608)에 우선 경기도에서부터 시험적으로 시작되었고 숙종 때 까지는 평안도와 함경도를 제외한 전국에서 실시하게 되었다. 대동법으로 공물제도가 없어져 농민이 크게 편해지고 그것은 상업과 수공업의 발전과 돈의 유통 등의 획기적인 결과를 가져왔다. 정부에서 필요한 물건을 사들이게 되면 그 물건을 공급하는 시전이나 그것을 정부에 조달하는 공인 등의 상업이 발달하지 않을 수 없다. 이러한 사이 비교적 큰 자본을 갖게 되는 이들은 상업만이 아니라 농업, 수공업, 광업과 같은 데에도 투자하게 되었다(각주2).

이렇게 대동법은 사회정책의 한 방편이었다. 그 자체로서는 혁신적인 세법이었고 결과적으로 농민의 교환관계를 촉진했다는 효과를 나타냈으나 그 세법실시의 목적은 이조정부의 재정난 타개에서 발단

했다는 점을 잊어서는 안될 것이다. 그래서 김육은 봉건국가의 이데올로기를 대변하는 실학자로 볼 수 있는 것이다.

김육의 주전행용의 주장은 대단히 강렬했다. 그는 수차례 중국을 왕래하면서 중국의 용전례(화폐사용)를 보았고 이것이 국가 재정상으로 유리한 점을 배우고 이를 주장하였으나 이조정부에서 받아들여지지 않았다. 인조와 효종 조에는 김육과 같이 용전을 적극 주장한 사람도 있었으나 주화정책이 적극화하지 못한 것은 송도 및 서로(서쪽 지역)의 일부 지역을 제외하고는 주화사용이 보급되지 못했기 때문이다. 아직 사회가 용전을 받아들일 만큼 발전하지 못했기 때문이다.

2) 과도기의 실학

다음으로 실학사상이 형성되는 과도기적 사회의 상태를 살펴보기로 한다. 이시기를 대표하는 이는 유형원과 이익이라 하겠다. 반계 유형원이 활동하는 시기의 실학은 그 목표하는 바가 달라졌다. 김육은 봉건정부의 강화를 목표로 했으나 유형원에 이르러서는 농민을 위한 정책으로 옳겨진다. 유형원의 사상이 전적으로 봉건적 이데올로기를 탈피한 것은 아니었으나 그의 주장은 농민이 향상하고 윤택해져야만 국가가 부강해진다는 데서 출발하고 있는 것이다. 그의 토지정책은 농민에 대한 균전제를 실시하자는 것인데(각주3) 이것은 토지소유관계가 문란해지고 농민 경작지가 점차 줄어들어 농민이 생업을 유지할 수 없게 되었기 때문이다. 즉, 그는 농민에게 경작할 수 있는 토지를 마련해주고 다음에 국가는 세곡과 병역을 요청해야 한다는 것이다. 이렇게 유형원이 농민위주의 토지정책을 주장했다고 하여 당시의 신분적 계층의 질서를 타파하는데 까지 나아가는 혁신적 사상을 가진 것은 아니었다고 생각된다. 그는 "나라에서 선비를 기르는 것은 백성을 위하는 일이 아니었으므로 정신적 근로와 체력근로는 귀천의 직분에 따라 나눈 것인데, 선비를 기르는 것이 병정을 기르는 것만 같지 못하다면 어찌 도리에 맞으리오"(각주4)라고 하였다.

유형원은 상공업정책에 관해서도 대단히 적극적이었다. 그의 주장은 상인이 영리를 추구하니 세금을 징수하여도 좋으나 외방시장에서의 백성의 교환행위에 세를 징수함은 부당하다고 했다(각주5). 반계사상은 17세기 중반에 걸쳐 난숙되었던 바이지만 당시 이조사회는 상공업이 아직도 크게 발달하지 못하였고 지방에서는 물물교환이 충분히 이루어지지 못한 때 였으니 그가 상공업정책을 적극화하여야 한다고 주장하나 이루어지지 못하였던 것 같다. 여기에 시대의 한계점이 있는 것이다.

성호 이익은 많은 점에서 유형원과 견해를 달리한다. 이익은 토지문제에 관해서는 한전론(限田論)(각주6)을 주장한다. 즉, 일정한 면적의 토지는 농민의 영구보유지로 설정하고 매도 혹은 양도해서도 안되는 것이다. 또 상공업은 영리를 추구하는 것이라고 하여 이를 억제해야 한다고(각주7) 하고 주전통용 정책은 많은 폐단이 있다고 하여 찬성하지 않았다(각주8).

성호 이익의 사상은 반계 유형원의 사상보다 후퇴한 사상이라고 말할 수 있지만 그보다 먼저 고려할 필요가 있는 것은 이들이 각기 활동하던 당시의 사회경제적 사정의 차이를 먼저 이해해야하고 그들의 사상은 그 시대의 상황을 반영하는 것으로서 이렇게 서로 다른 사상이 나왔다는 점을 주목해야한다. 성호 이익이 활동하던 18세기 중엽은 반계 유형원이 활동하던 17세기와는 사회경제적으로 많이 다르다는 점이다. 그가 한전론을 주장하면서 농민의 보유지를 영구히 보전해야한다고 한 것은 이 시기에 상공업자들의 고리대자금이 농촌에 침투하여 농민 토지가 점차 방매되어 농민이 생업의 기반을 상실하게 되었다는 점, 또 농민들도 점차 상리를 좇아 농촌을 떠나고 있었으니 상업의 폐해가 컸다는 점을 고려해야 할 것이다(각주9). 그래서 성호 이익은 상리만을 추구하는 상공업은 억제해야 한다고 주장하게 되었고, 주화통용에 관해서도 18세기 중엽에는 사주전이 많이 나돌아 '전천물귀(錢賤物貴)' 즉, 주전은 흔한데 물자는 귀한 현상이 사회를 휩쓸어 각종 폐해가 발생하였기 때문이다. 성호 이익이 반계 유형원의 사상을 계승하지만 이런 견해 차이가 생긴 것은 그들 시대의 사회경제적 변화에서 연유한 것이라 하겠다.

사회경제적 요인이외에 또 하나 지적할 것은 이익이 상공업자 신흥계급을 인정하고 그 발달을 적극적으로 추진하지 못하고 오히려 그 폐해만을 지적한 것은 그의 사상이 봉건적 이데올로기인 사농공상사상에 깊이 뿌리박고 있었기 때문인 것이다(각주10).

3) 근대적 성격을 띤 실학

다음으로 실학의 성격에 대해 살펴보기로 한다. 이조의 실학은 다산 정약용과 초정 박제가에 이르러서 보다 더 근대적 성격을 나타낸다. 이들의 사상이 확실히 신흥계급을 대변하고 나섰기 때문이다. 18세기 말엽부터 19세기 초에 이르면 이조사회 내부에서는 시민층이라고 볼 수 있는 새로운 계층이 성장하여 이조사회에 중요한 세력을 형성하게 되었던 것이다. 19세기의 실학자들은 이런 신흥계층을 조선 사회의 전통에 반하는 사회악이라고 보기보다는 필요불가결한 존재로써 받아들이고 그들의 시대에 맞는 사상으로서 실학을 전개해 나가고 있는 것이다.

정약용은 농업정책에 많은 관심을 두었으나 반계나 성호와는 다른 점이 많다. 반계나 성호는 농민 보유지 확보, 즉 자작농가의 창설에 주안점을 두어 반계는 균전론, 성호는 한전론을 주장하였던 것과는 달리 다산은 농업 생산력 향상에 보다 깊은 관심을 갖고 그의 토지정책을 논하는 가운데 여전제(閭田制)를 주장한다(각주11). 즉, 여는 일정한 지역을 뜻하는 것으로서 농민을 여 즉, 일정지역을 중심으로 농업 공동체를 형성하자는 것이다. 이런 농업 공동체에서 서로 협동하여 곡물을 생산하고 그 중에서 일부를 국가에 세로써 납부하면 국가는 세수를 확보할 수 있고 농민은 토지 생산성을 높일 수 있다고 보는 것이다. 즉, 각 여에는 여장이 있어 그의 지휘하에 공동생산을 실시하고, 수확물은 여당에 모아 그중에서 세금을 납부하고 여장의 녹을 지급하며 나머지는 노동력에 따라 분배하자는 것이다(각주12).

다산은 화폐의 폐해는 사주전(私鑄錢)에 있는 것이므로 이러한 사주전을 방지하고 올바른 화폐의 기능을 발휘시켜야 한다고 주장하며 사주전의 문제가 되는 상공업자에 대해서는 토지를 급여하지 말라고 주장하였던 것이다(각주13). 왜냐하면 반계의 시대는 상공업이 충분히 발달하지 못했기 때문에 토지를 급여하여 생계를 돕게 되면 상공업자들이 고리만을 추구하지 않고 재화유통에 힘쓸 것이라고 보았고, 다산의 시대는 상공업이 발전을 보아 상공업자들이 부를 축적하고 있는 터이니 그들에게 국가에서 토지를 급여할 필요가 없었다고 보았기 때문이다(각주14).

박제가의 상공론은 이런 점에서 적극적인 것이다. 그는 재화가 농업에서만 산출된다는 사상은 이미 낡은 사상이라고 보고 백성들이 살고 있는 지역에 따라 그 지역이 가져다주는 이익에 맞는 직업을 택해야 하고 이것이 생업을 발달시키는 방법이라고 말한다. 그는 또 재화는 유통되어야 그 재화의 기능을 발휘하는 것이며 재화가 유통되지 않는다면 그 가치를 나타내지 못한다고 하였다. 또 이와 같이 재화가 유통이 잘되어야만 물가가 전국적으로 평준화하여 백성이 서로 이롭게 된다고 주장하였다(각주 15). 그는 한걸음 더 나아가 중국과 일본과의 대외무역도 활발하게 이루어져야만 국내 산업이 융성하게 된다는 점을 강조했다(각주16). 박제가가 이렇게 상공업도 중요한 생산행위이며 국가경제에 필요불가결한 것이라고 일컫게 된 것은 18세기 말엽 및 19세기 초에 상공업이 상당한 수준으로 발전했고 이에 따라 상공업자들의 역할과 힘을 무시할 수 없었음을 말해주는 것이라고 생각된다.

이렇게 실학의 사상은 19세기에 들어오면 뚜렷이 시민계층을 대변하고 있음을 알 수 있다. 이들은 더 이상 봉건귀족을 신성불가침한 권위적 존대로만 볼 수 없음을 잘 알고 있는 것이다. 이렇게 실학사상은 근대적 성격을 띠고 있는 것이다.

4) 실학과 개화사상

실학사상의 발전은 청나라를 통해 서구사회의 여러 문물을 접하면서 다시금 변화의 계기를 갖게 된다. 그럼으로 이제 실학과 개화사상에 대해 살펴보기로 한다.

실학사상은 19세기 초의 정약용, 박제가, 최한기 등의 학자들로 그 계보가 이어져 오지만 개항 후에는 개화사상이 등장하면서 이 개화사상은 실학과의 관계가 아무 관련성이 없다고 보는 것이 거의 통설로 되어 왔다. 그러나 앞에서 살펴본 것과 같이 실학사상이 근대적 성격으로 발전하여 왔다면 개항이후의 신사조와도 일맥상통하는 것이 있다고 보아도 무방할 것이라고 생각한다. 이조말엽의 개화사상에서 실학자의 영향이 컸던 것은 사실로 볼 수 있다. 개화사상에 대한 실학의 입장을 볼 때 실학사상이 청의 북학이나 서구의 사상으로부터 영향을 받은 것은 사실이나 실학은 이미 그 이전에 사회 경제적 변천에 따라 자주적으로 성장하여 온 순수한 진취적인 한국의 전통사상이라는 것이다. 이씨조선의 사회 경제적 변천에 따라 서서히 성장 발전해온 실학은 개항 이후에 들어온 서구의 사상과는 너무나 차이가 많았고 거리가 멀었다(각주17). 이런 점에서 실학에 있어서 개화사상의 영향은 한계가 분명한 것이라고 할 수 있다. 오히려 서구사상에 대처하는 개화사상에 실학사상이 심대하게 영향을 끼쳤다고 보는 것이 타당하다고 할 것이다.

2.2 실학사상과 개화사상의 연관성

이씨조선 말엽에 있어서 자주적으로 성장 발전해온 실학사상과 서구의 영향으로 발생된 개화사상의 관계를 좀 더 살펴보는 것이 중요하다.

실학은 전통적인 조선의 사상을 이어가면서 자주적으로 근대로 나아가는 내적인 자기전개과정으로써 개화사상에 여러 면에서 영향을 끼친 것으로 보아야 한다고 했다. 이런 전제로부터 이제 실학사상과 개화사상의 연관성을 살펴보자.

우선 실학에서 내세우는 이용후생과 실사구시는 유학의 전통적인 이념질서에서 벗어날 수 있는 혁명적인 발상이었다. 정덕(正德)의 문제를 뒤로 돌리고 이용과 후생을 전면에 내세움으로써 북벌론에 대치하여 북학론을 내세우고 근대서양문명과 접할 수 있는 계기를 이룩한 셈이었다(각주18). 윤리적 실천성을 강조한다는 뜻에서 실학이라 부르고 실사구시를 강조하였다. 허(虛)하고 공(空)한 주자학을 개혁함으로써 농·공·상에 관한 학 즉, 실학을 수립하고자 하였고 이런 실사구시의 개념이 개화사상에 계승 발전되었다. 두 번째로는 실학의 민주주의 성격이 개화사상에 의해서 계승되어 발전내지 변화하였다. 실학자들은 중국 중심의 화이론적인 세계관을 깨뜨리고 주체적이고 만국병존적인 세계관을 수립하고자 하였다. 성호는 중국 중심주의 세계관을 이미 탈피하여 각 나라는 독립된 주권을 인정해야 된다는 주체적 역사관을 세웠던 것이다(각주 19). 홍대용, 박지원 등은 지구 구형설과 지구 자전설을 발표하여 세계중심이 따로 없다고 하여 주체적 세계관을 내세웠다. 정약용도 마찬가지로 주체적 세계관을 내세움으로써 개화사상의 민족주의에 영향을 끼쳤던 것이다. 세 번째로는 실학의 민권사상이 개화사상에 계승되었다는 것이다. 실학자들은 한결같이 놀고먹는 양반귀족들의 횡포를 규탄하였다. 특히 박지원은 양반의 허구성을 소설 〈양반전(兩班傳)〉과 〈호질(虎叱)〉에서 여지없이 형상화 하였으며 정 다산은 사회계약사상과 주권재민사상을 논리적으로 전개하였다. 이런 민권사상이 개화사상에 영향을 끼쳐 갑신정변의 동기를 살펴볼 때 이 민권사상이 발견되는 것이다. 갑신정변은 그 정강에서 문벌을 타파하여 인민을 평등히 하고 인재등용의 길을 열 것을 표방하고 있는 것이다(각주 20). 네 번째로는 실학의 통상개국론이 개화사상에 의하여 계승발전 되었다. 실학파의 통상개국론은 순수한 무역효과만 생각하고 있지는 않다. 무역효과 자체에 못지않게 그것이 가져올 수 있는 기술도입의 가능성도 중시되었던 것이다. 박지원, 박제가 등은 청나라의 기술과 청나라에 전수된 서양의 과학기술을 배워야한다는 소위 북학론을 펴고 기술도입의 방법으로써 국가의 경비로 서양 기술자를 초빙하여 국내의 인재로 하여금 그 기술을 배우게 할 것, 천주교를 받아들여 그것을 통하여 서양기술을 배울 것, 외국과 널리 통상함으로써 기술을 배울 것, 한국연해에 표류해오는 서양인이 있으면 그들이 가진 기술을 다 배우고 난 후에 돌려보낼 것을 제시한 바 있다(각주 21). 이러한 기술 도입사상이 그대로 김옥균, 박영효, 김윤식, 유길준, 지석영 등 개화사상가 들의 기술 도입론으로 연결되고 있는 것을 주목할 수 있다. 다섯 번째로는 영업의 자유론이 개화사상에 의해 계승되었다. 실학자들은 부전(府廛)의 전매행위와 상업자본의 도매행위를 제한하거나 혁파해야 한다고 생각하였다. 생산자, 자유상인 및 소비대중을 위하여 신설시전은 모두 혁파하고 육의전의 전매 품종을 제외한 일체의 상품은 자유롭게 거래가 이루어져야 한다고 했다(각주22). 이러한 영업자유론이 개화파에 계승되어 민중들과 함께 봉건적 독점을 깨뜨리는 도고초파론(都賈草罷論)을 폈다. 갑신정변 때에는 보부상의 독점을 제도적으로 뒷받침하고 있는 환상공국을 혁파할 것을 정강의 하나로 내걸었으며 갑오경장 때에는 육의전 전매제도를 혁파하여 영업의 자유를 보장하였다(각주23). 마지막으로 토지문제에 대한 실학자의 개혁적인 구상이 개화사상가에 의해 계승되었다. 실학자들은 토지문제를 제도적인 측면에서 접근하여 정전제나 균전제를 구상하기도 하고 혹은 한전제나 여전제를 구상하기도 하였다(각주24). 이러한 것은 사실상 실현되기 어려운 것이었으나 실학자의 구상이 개화파에 계승되어 가일층의 발전을 보았다.

2.3 실학사상의 위대성

이씨조선 후기에 전개되는 실학의 위대성은 그것이 이민족의 침입(임진왜란과 병자호란)으로 황폐해진 이씨조선 사회의 국가체제를 다시 바로 잡아 보자는 정신에서 출발하였다는 점이다. 비록 학문적인 성과는 어떠하든 간에 또한 그 연구 성과가 실제로 국가 정책면에 반영되지 않았어도 난파당한 이씨조선 사회에 무한한 애착을 가지고 새로운 사회의 추구에 골몰한 그 학문적인 태도에 우선 의의가 있을 것이다. 이우성에 의하면 이조후기에는 국정이 문란해지고 파당이 생겨 선비로서 국정에 참여치 못하는 사람이 많이 생기게 되었던 까닭에 이에 국정에서 소외된 선비가 현실정치를 비판하는 태도를 표현함으로써 그들이 이조 실학의 담당자가 되었다고 한다. 또 이들 실학자들은 그들이 성장하고 학문하는 환경에 따라 도시적 분위기의 학자는 대체로 상공업에 많은 관심을 갖고 진취적인 사상을 갖게 되었음에 반하여, 농촌의 풍토에서 자라난 학자들은 대체로 중농 사상이 강하고 보수적이었다는 것이다.

이조사회를 유지해 나가는데 정신적 지주였던 주자학은 고려말기에 이 땅에 들어와 오랫동안 신성불가침의 영역에 있었다. 주자학에 대한 비판은 이단으로 몰렸고 주자학은 바로 절대적으로 신봉해야 한다는 하나의 종교였다. 그런데 실학자들이 이조후기의 국정을 둘러싸고 파당과 정쟁의 상황에서 소외된 선비의 현실정치에의 참여와 관련이 있다는 점을 지적했지만 더욱 중요한 점은 단순히 이러한 종교화된 주자학의 굴레에서 벗어났다는 점 이외에 이를 학문적으로 비판할 수 있었다는 것이다. 학문적 비판의 중심에 선 실학은 당시의 사회경제적 상황이라는 현실 상황에 대한 인식을 배경으로 하였던 것이다. 그만큼 실학이 학문적인 성장과 성숙이 있었기 때문에 가능했을 것으로 생각된다.

조선 후기는 당쟁과 부패로 얼룩져있던 암흑의 시대만은 아니다. 앞으로 닥쳐오는 근대의 귀중한 싹이 여기저기서 부풀어 올랐고 그 중 하나가 실학으로써 새로운 사상적 잉태를 경험하게 되는 것이다. 그리하여 사회경제적 변천과 더불어 암암리에 발전되어온 실학은 근대지향적인 의식과 태도를 지니고 있었고 민족적 의식, 주체적인 세계관, 민권사상의식 등을 지니고 있어 훗날 19세기 후반 개항이후의 개화, 자강사상으로 계승되었던 것이다.

3. 결론

이씨조선의 역사에서 사회면, 경제면, 정치면, 사상면 등 모든 분야에서 큰 전환점으로 간주되는 것은 임진왜란 병자호란 두 양난이다. 이 양난으로 특히 내부의 제 모순과 갈등이 더욱 격화되어 갔고 이로써 지배층의 대립항쟁이 격화되고 정국은 혼미상태에 빠지게 되었다. 이와 같이 사회상태가 악화되어가는 속에 세 학자(김욱, 유형원, 이익)사이에 새로운 학풍이 태동하기 시작하는 것이다.

위에서 16세기 중엽부터 19세기에 이르는 한국 실학의 전개과정을 사회 경제적 변천과 관련하여 살펴보았다. 16세기 중엽부터 17세기 중엽의 실학은 김육을 대표로 하는 임진·병자의 양난 후 약화된 봉건국가의 강화책을 주요내용으로 하며 이런 의미에서 봉건적 이데올로기라 했다. 17세기 중엽에서 18세기 중엽에 이르는 시기에서는 유형원에서 이익에 이르는 시기로써 이 시기 실학자들은 봉건이조의 강화책도 주요 논점이 되지만 그 보다는 농민계급을 대변하고 나섰다는 점이 더 주목된다. 유형원은 이외에도 상공업정책을 적극 주장하나 이조사회는 상공업이 아직도 크게 발달하지 못하였고 지방에서는 물물교환이 충분히 이루어지지 못하였던 때이어서 많은 성과를 보지는 못하였다. 이후 18세기 말엽에서 19세기 중엽에 이르는 실학은 근대적 성격을 띤 정약용과 박제가에 이르는 시기로 이들은 신흥시민계급을 대변하며 상공업을 장려하며 각종 기술혁신을 강조한다. 개항이후의 실학은 개화사상으로 전환되며 이조말기의 각종 근대화작업에 영향을 미쳤던 것이다.

이조시대는 왕권의 권력이 전부요 국가의 모든 기구가 왕권을 위해 존재했던 시대였다. 임진왜란 후부터 이런 테두리에서 점점 벗어나 농민계급, 시민계급을 대변하여 지식인이 선각적인 사상을 정책으로 내세웠으나 시대의 한계성 때문에 그 당시는 구현이 안 되었으나 사회가 변화하면서 발전된 서구문화를 받아들이는 때에 영향을 끼치게 되었던 것이다. 즉, 서구는 산업혁명이후의 자유경제사상 및 시민국가의 사상적 기반이 된 민주주의와 19세기 중엽 이래 고도의 근대과학기술을 발전시켰다. 이와 같은 서구의 근대적 사상과 과학 기술을 19세기 후반기의 이씨조선에 그대로 받아들여지고 응용되기에는 당시의 사회적 정치적 및 경제적 기반이 너무 뒤떨어져 있었던 시대로써 너무나 벅찬 것이었다. 그럼에도 이런 시대의 기반위에 서 있던 실학은 근대를 지향하는 사상으로 발전 되었던바 개화사상에 영향을 끼쳐 근대화를 촉진시켰던 것이다. 갑신정변, 독립협회운동 및 조선의 근대화 운동에 있어 잠재적이나마 사상적 전통의 맥을 잇는 일대 원동력을 이루었던 것이다.

- 문리대 사회학과 4학년 졸업논문

참고문헌

김영호 "실학과 개화사상의 연관형태" 문학과지성 1973 봄

김영호 "조선후기에 있어서의 도시상업의 새로운 전개" 한국사연구 1.2 1968

이우성 "이조후기 근기학파에 있어서의 정통론의 전개" 역사학보 37 1973

조기준 "이조말엽의 재정개혁" 학술원논문집(인문사회과학)5 1965

조기준 한국경제사 일신사 1962

※ 각주부분과 참고서적이 기술된 부분이 일부만 남아있어 온전한 것이 되지 못했다.

인간의 고백과 하나님의 뜻

진형란

1. 머리글

나는 지금 가정주부이고 두 자녀의 엄마이다. 이 평범한 단어 '가정주부', '엄마'는 일상에서 친근하고 무슨 문제가 느껴지지 않는 푸근하고 아름다운 말로 다가온다. 누구나 결혼하고부터 가정주부의 자리에 서게 되고 세월이 흐르다 보면 엄마의 호칭이 자연스럽게 느껴지는 것이 인생사인 것 같다.

나에게는 중학교 2학년인 큰딸과 초등학교 6학년인 둘째딸이 있다. 나는 '나의 거울'에 나를 항상 비추어 보면서 우리 두 딸을 잘 키워보고자 노력하고 있다.

나는 어린 시절을 생각하게 되면 의례히 떠오르는 장면이 있다. 나보다 동생을 더 사랑하는 엄마 때문에 괴로워하고 동생과 엄마를 미워했던 기억이다. 동생은 머리도 좋고 성격도 적극적이어서 모든 일을 잘 해냈는데 그에 비해 나는 맏이였지만 그렇지 못했고 그런 나를 엄마는 답답하게 생각했고 자연히 동생이 엄마의 귀여움을 차지했다. 지금 나는 두 딸을 보면서 그때의 엄마의 심정에 싸여 혹시 내가 겪었던 일을 나의 두 아이에게 겪게 하지는 않을지 걱정하게 되었다. 이 아이들이 점점 성장해 가면서 상처 받는 것이 아니라 더욱 더 서로 의지하고 사랑하는 아이들이 되도록 잘 키워가야 한다는 생각이다. 그러기 위해서는 내가 어린 시절에 겪었던 동생과의 갈등을 이 아이들은 겪지 않도록 나의 엄마와는 다른 방법으로 좀 더 사랑의 마음을 베풀어야겠다는 생각을 갖게 된다.

이제 이런 나에게도 아이들을 키우다 보니 옛날의 나의 엄마에 대한 생각이 한편으로는 정리가 되고 그때 엄마가 나보다 동생을 편애했다는 생각도 자식을 키우는 엄마의 인간적인 마음으로 이해하게 되었다.

오늘 나는 사랑받지 못하는 사람, 인생에 실패한 사람, 불쌍한 사람에 대한 동정심과 옛날 어린 시절의 생각들과 지금의 두 아이의 엄마로서 하나님을 믿는 신앙인으로서 올바르게 서기 위해서 성서공부를 하게 되었고 여기 2년 동안 공부하는 과정 속에서 내 나름대로의 생각을 정리해 보고자 한다.

사람은 누구나 하나님의 사랑을 받고 싶어 할 것이다. 그리고 하나님의 사랑을 받지 못할까봐 두려워하는 것이 현실이다. 어찌보면 믿음생활이라는 것도 알고 보면 하나님의 사랑을 받기위한 나름대로의 노력이 아닌가 싶다. 나에게는 성서 속에서 하나님에게 버림받거나 사랑받지 못하는 두 사람의 경우가 늘 마음속에 자리잡고 있다. 하나는 구약 사무엘상의 사울이다. 여기에서 사울은 하나님의 부름을 받아 왕이 되고(사무엘상 10:1~24, 11:15) 곧 버림을 받는다. 다른 하나는 누가복음(10:38~42)에서의 마르다 자매에 대한 얘기인데, 예수님의 사랑을 받는 마리아와 그것을 부러워하는 마르다의 태도에 대한 것이다. 나는 위의 두 경우를 생각하면서 하나님에게 사랑받는 사람은 누구인가? 지금 나의 생활에서 하나님은 나에게 무엇을 요구하고 계신지? 하나님을 어떻게 믿어야 하는지? 나에게 있어서 하나님은 어떤 분이신지? 등의 문제를 생각해 보기로 한다.

2. 왕정의 시작과 왕이 된 사울

주전 1050년 아벡 전투에서 이스라엘 부족 공동체의 구심점 역할을 해오던 법궤가 적군에게 포획되고 중앙 성소이던 실로(shilo)가 함락되자 200여 년간 지탱해온 부족공동체가 붕괴되었다.

그 당시 역사적 현실을 살펴보면 이스라엘 주변 모든 나라들이 왕정체제를 가지고 있고 오직 지형적으로 가운데 위치한 이스라엘만이 부족체제를 유지해 왔기 때문에 왕을 중심으로 하는 왕정체제의 나라들과 싸울 때 항상 불리할 수밖에 없었다. 설상가상으로 이스라엘은 암몬의 침공을 받게 되어 효율적인 군사동원의 조직체가 필요했던 것이다. 그리하여 이스라엘 백성은 "다른 모든 나라처럼"(삼상 8:5) 왕정의 길을 택하게 된다.

그러나 왕정체제로 나가는 데에는 많은 문제가 있을 수 있었다. 왕정체제의 등장은 주변세력과 군사적인 무력싸움에서 대처해 나가는 데에는 필요하고 중요한 것일지라도 지금까지 부족체제로서 평등한 사회가 유지되어왔는데 왕정체제가 됨으로써 지배자와 피지배자의 계급이 발생하게 되고 이들 사이에 깊은 갈등이 생겨날 수 있기 때문이다.

그것은 결국 하나님을 멀리할 수 있는 문제가 될 수 있고, 하나님을 믿는 이스라엘에게는 너무나 큰 문제가 아닐 수 없었다. 사무엘이 보기에 왕을 원하는 이스라엘은 하나님의 왕권을 부인하는 것으로 여겨졌고 새로운 왕이 등장하면 그가 백성을 어떻게 대할 것이라는 것을 알려주면서 경고한다. 수심에 찬 사무엘은 드디어 베냐민지파의 마드리갈대에서 사울을 왕으로 삼게 했다. 그는 건장하고 용기 있는 사람이었다.

사무엘은 드디어 사울에게 기름 부어 이스라엘 왕으로 세우게 되었다. "이제 너희가 구한 왕, 너희가 택한 왕을 보라. 야훼께서 너희위에 왕을 세우셨다."(삼상 12:23) 역사적 변천 속에서 하나님과의 관계는 어떻게 변하였는가? 부족 공동체 하에서는 하나님 앞에 계약을 맺은 백성으로서 모든 백성이 동등하였으나 이제 왕정제도아래에서는 왕이 하나님과 백성들 사이에 존재하는 것으로서 백성들위에 위치하게 되는 것이다. 하나님과 왕, 그리고 왕과 백성의 관계가 되는 것이다. 이스라엘 백성은 이렇게 기름부음을 받은 왕은 거룩한 자가 된 것이라 믿었다. 장일선교수는 왕정체제의 형성에 대한 신명기역사가의 생각은 "왕정을 반대하는 것이 아니며 왕정은 야훼 하나님이 선택하신 것이며 동시에 왕과 백성이 다 하나님의 법을 지켜야 할 것"을 강조하는 것이라고 한다.(삼상 12:25) 이렇게 기름부음을 받아 왕이 된 자는 하나님의 택하심을 받아 왕이 된 것으로 간주되었다.

사울은 베냐민지파의 부농의 아들로서 "이스라엘 사람 가운데 그만큼 잘생긴 사람이 없을 만큼 깨끗하고 잘생긴 아들"(삼상9:2)이라고 그려 있다. 아버지는 기스이고 사울의 고향 기브아는 예루살렘에서 북방으로 5km정도 떨어진 산악지대이며 계곡을 내려다 볼 수 있는 경치 좋은 곳에서 사울은 성장했다. 사울은 우연한 기회로 나귀를 찾으러 나갔다가 사무엘을 만나 왕으로 안수를 받게 된다. 사무엘이 "이 나라에는 이만한 인물이 없다."고 말한 것같이 그는 카리스마적인 지도력으로 백성을 한데 모아 결집시키는 리더십을 보였다. 그의 치리 중에는 다윗 왕 때처럼 백성이 반발하지도 않았고 그는 블레셋의 싸움 때도 항상 앞장섰던 것이다.

3. 사울왕의 번민

그런데 사울이 하나님의 버림을 받게 된 것은 무엇 때문이었을까? 우선 사무엘을 기다리지 않고 혼자 제사장의 직분을 대행하여 제사를 드렸다는 점이다.(삼상13장) 사무엘은 도착해서 사울을 책망한다. 사무엘은 사울이 하나님께 불복했다고 여겼다.

다음으로 사울은 사무엘상15장에서 아말렉에게 속한 것은 다 전멸하라는 하나님의 명령을 거역한다. 사무엘은 사울에게 "너는 당장에 가서 아말렉을 치고 그 재산을 사정보지 말고 모조리 없애라. 남자와 여자, 아이와 젖먹이, 소떼와 양떼, 낙타와 나귀할 것 없이 모조리 죽여야 한다."고 명한다. 그러나 사울은 그 일부를 남겨둔다. 왜 사울은 사무엘을 통해 내려진 하나님의 명령을 거역하는가?

하나님에 대한 순종이 남달랐고 또한 백성들의 존경을 받은 그가 하나님의 명령을 거역하게 된 것은 그가 왕으로서 백성에게 베풀려고 했던 정치이념이 잘못되었기 때문으로 이해할 수 있다. 그는 적의 재산을 이스라엘을 위하여 쓰는 것이 하나님이 원하시는 것으로 생각했다. 그러나 하나님의 뜻은 그것이 아니었다. 하나님은 재산(물질)이 가져올 이스라엘 백성사이의 갈등을 미리 보셨다. 적에게 빼앗은 조그마한 재산이 오히려 이스라엘의 분열을 가져올 것이 분명하였던 것이다. 그 물질은 논공행상으로 배분됨으로써 사울의 왕정체제를 강화시키는 것일 뿐 하나님과의 관계는 오히려 멀어지는 것일 뿐이었다.

사울은 자신을 왕으로 삼은 하나님과의 관계보다 우선 자신의 주위에 있는 추종자와 기득권자의 요구에 대답한 것이다. 그래서 사울은 제사장인 사무엘을 기다리지 않고 자신이 제사장인양 제사를 드리는 잘못을 범하고 말았다. 그는 하나님에 대한 두려움보다 추종자의 환심을 사서 자신의 왕권을 강화하는 쪽을 택했던 것이다.

왕으로써 또 자신의 삶의 측면에서 하나님께 버림을 받을 즈음 사울은 블레셋을 정복할 수 없다는 정치적 현실을 깨닫게 된다. 이때 사울은 스승인 사무엘에게 배척당하는 최악의 상태에 빠지고, 가정적으로도 아들과 거리가 멀어지는 아픔을 당할 뿐 아니라 딸은 자신의 적수인 다윗에게 빼앗기는 쓰라린 시련을 겪는다. 이것은 거의 순식간에 일어나는 하나의 재앙이었다. 이와 같은 사건들에 의해 사울의 정신은 갈피를 잡지 못하게 되었다. 사울은 자신의 선의의 정치이념이 하나님에 의해 거부당했을 때 당혹감과 함께 변명에 급급할 뿐이었고 자신의 문제를 뉘우치고 하나님께 새로운 결단을 고백하기에는 인간적인 고민이 앞섰다고 생각된다.

온갖 번민은 억제할 수 없는 분노로 나타나고 사울은 그 분노의 대상이 된 다윗에 대해 증오와 살해의 음모를 드러내게 된다. 이런 생사가 걸린 상황에서도 다윗은 자신을 죽이려는 사울을 엔겐디 광야 동굴에서 죽이는 대신 잠들어있는 그에게 다가가 옷자락만 베어간다. 이런 사실을 뒤늦게 알게 된 사울은 울면서 "내 아들 다윗아, 그게 정말 네 목소리냐? 네가 나보다 낫구나."하면서 통곡하게 되는데(삼상24:17) 지치고 힘든 그의 인간적인 괴로움을 보게 된다. 자신의 마음을 다스리지 못한 사울은 드디어 스스로 하나님을 배반하는 행동으로 이어지게 된다. 하나님과 대화가 끊기면서 다시 하나님과의 관계를 회복하지 못하고 오히려 하나님을 회피하면서 엔돌에서 사무엘의 영을 찾는 것이다. (삼상28장) 사울은 초라한 모습으로 무당 여자를 찾아가 사무엘의 영을 불러달라고 간청하였다. 하나님께서 꿈으로도 우림으로도 예언자로도 대답해 주시지 않았기 때문에 사울은 불안하고 절망에 빠져버리고 정신적으로 처참한 지경에 이른 상태에서 무당을 찾았던 것이다.

4. 번민은 오히려 하나님과 멀어지게 되고

사울을 통해서 생각하게 되는 첫 번째 문제는 지도자(왕)로서의 그의 사상과 능력에 관한 것이다. 분명 그는 훌륭한 신앙인이고 뛰어난 용기와 능력을 가졌음에 틀림없다. 그러나 왕으로서 나라를 이끌어 나가기에는 그의 신앙이 안일하였고 더구나 왕으로 세우신 하나님의 뜻을 깨닫고 이를 정치이념으로 하여 나라를 다스리지 못했다. 그렇기 때문에 그의 뛰어난 용기와 능력도 제대로 발휘될 수 없었다.

두 번째는 왕권을 확립하는데 있어서 하나님의 뜻을 펴기보다는 주위의 추종자와 기득권 세력에 안주하여 그들의 의사를 소중히 여기는 태도를 보였다. 새 나라를 세우는 것은 하나님의 뜻을 펴기 위함이었고 따라서 하나님의 뜻에 합당한 새로운 생각과 사회의 변혁을 시도할 필요가 있었을 것이다. 그러나 그는 그렇지 못했던 것이다. 자신이 용서를 빌기 위해 사무엘과 이야기하는 중에도 그는 끝까지 자신의 생각(변명)을 굽히지 않았다. 다시 말하면 전리품의 유용성을 포기하지 못했던 것이다. 전쟁의 장수에게 있어서 전리품이란 승리의 상징이고 사기의 밑거름이 되는 것은 물론 전쟁비용을 충당하는 것이기 때문에 이를 포기한다는 것은 어쩌면 왕으로서 납득이 되지 않는 것일 수도 있을 것이다. 사울왕은 이를 잘 알고 있으며 더구나 그것은 왕정체제의 재정적 도움이 될 수 있는 것이다. 결국 사울은 전리품을 모두 없애라는 하나님의 명령을 올바로 받아들이지 못했다. 사울은 하나님의 분부를 어디까지 지켜야 할지 제대로 터득하지 못했다. 그에게 하나님의 명령은 가혹한 것으로서 현실을 모르는 것이고 잔인하기까지 한 명령일 뿐인 것이다. 따라서 자신에 대한 하나님의 징벌조차도 이해가 되지 않는 것이었을 것이다.

사울의 생애와 그의 번민을 생각하면서 그는 하나님의 뜻에 순종한 지혜로운 지도자라기보다는 자신의 의지에 충실한 용사일 것이라는 판단이 든다. 그런데 사울 한사람만을 놓고 그의 삶과 왕으로서의 능력, 하나님과의 관계를 생각하면 간단하게 위와 같이 생각을 정리할 수 있겠으나 당시의 시대 상황과 사무엘선지자 그리고 사울의 삶과 관련시켜보면서 하나님의 뜻을 생각하기에는 어려운 점이 많다.

사울의 번민은 처음에는 하나님에 대한 것이었으나 후에는 다윗과의 관계에서 빚어진다. 즉 자신을 왕으로 세우고 사랑은 다윗에게 주는 하나님의 뜻이 어디에 있는지? 사울은 하나님을 의심하게 되고 다윗에 대한 질투로 정신을 빼앗기게 된다. 사울과 다윗은 연령에 차이가 있으나 동시대의 사람이다. 처음부터 하나님의 뜻에 순종하는 지혜롭고 능력있는 다윗에게 왕위를 부여하는 것이 옳지 않았을까? 하나님은 인간 사울을 통해서 무엇을 우리에게 전달하려고 하는 것일까?

5. 하나님 앞에서의 고백과 결단

다윗은 하나님을 모욕하는 골리앗군대를 물리치고 그의 목을 베었다. 전투에 나서는 다윗을 위해 사울이 자신의 갑옷과 칼을 주었지만 체구가 작아 이를 걸치고는 걷지도 못하는 다윗을 보고 모든 사람이 불안해했지만 다윗은 하나님에 대한 믿음 하나로(삼상17:37)싸워 승리했던 것이다. 하나님에 대한 믿음과 용맹에서도 사울보다는 다윗이 앞섰다. 그런 다윗을 사울은 질투했다. 사울의 질투는 인간으로서 너무나 당연한 것이었다.

그러나 하나님의 부름을 받아 왕이 된 사람으로서 사울의 질투는 단순히 한 인간의 투기에 그치고 그것을 승화시키지 못한 점에 사울의 인격적 부족함이 있지 않을까? 우리가 누군가의 재주를 비교할 때 특히 그 비교를 형제 자매간에 할 때 태어난 순서대로 하나님이 능력을 주셨다면 얼마나 다행일까 하는 어리석은 생각을 할 때가 있다. 그 어리석은 생각이 누군가에게는 절실한 것일 수 있을 것이다. 사울처럼. 그러나 현실은 그렇지 않다. 내 자신의 경우가 그랬고 아마도 누구나 유사한 경험이 있지 않을까 싶다.

나는 이 해답을 신약의 누가복음(10:38~42)의 "마르다와 마리아"에서 찾아보려고 한다. 마르다와 마리아는 모두 예수님를 존경하고 있는 것 같다. 손님, 더구나 존경해 마지않는 분을 초대하고 두 자매는 청소하고 음식 장만하고 여러 가지로 분주하게 움직이는 모습이 연상된다. 그런데 존경하는 예수님을 초대해 놓고 마리아는 예수님을 대접할 어떤 행동도 없이 예수님을 마주하고 앉아 이야기에만 몰두하고 마르다만 혼자 바쁘게 오가며 열심히 음식준비를 하고 있는 것이다. 마르다는 이것은 옳지 않다는 생각이 들었을 것이다. 자신이 언니이기도 하며 주인으로서 예수님을 맞아들이고 대화를 나누는 역할을 하고 오히려 동생인 마리아가 음식준비 등을 하는 것이 옳다고 여기고 있다고 생각된다. 그래서 마르다는 "주님, 제 동생이 저에게만 일을 떠맡기는데 이것을 보고도 가만 두십니까? 마리아더러 저를 좀 거들어 주라고 일러 주십시오."하고 불만스러운 말투로 말하게 된다. 여기에서 우리는 마르다는 어떤 사람인지 생각해 보기로 하자. 마리아가 복음서의 여러 곳의 장면에 나오는 여인으로서 그래서 우리가 어떤 사람인지를 어느 정도 알고 있는데 비해 마르다는 이 장면을 제외하고는 뚜렷하게 등장하는 곳이 없는 것 같고 우리에게 익숙한 인물은 아니다. 마르다에 대한 기록(연구서)물에 따르면 그는 엄격한 전통적 제도를 답습한 여인으로서 손님을 가정에 청했을 때 예의를 지킨 사람이라고 되어 있다. 아마 그런 연유로 가톨릭의 수녀회에서는 마르다를 규범적으로 따라야하는 여인의 표본으로 여기고 있다고 한다. 이런 점을 고려하면서 마르다를 보면 마르다는 집안의 살림을 매우 잘하는 여성으로 이해할 수 있고 그런 마르다가 당시에는 존중받고 높게 평가되는 사람일 것으로 생각된다. 그런 점에서는 동서고금을 막론하고 여성의 역할이 동일하다는 것을 느끼게 된다. 예수 시대에 있어서 여성으로서 마리아보다 마르다가 훨씬 존중되고 소중하게 대우받았을 것이라는 것은 쉽게 짐작할 수 있을 것 같다. 그런데 손님을 위해 열심히 준비하고 시중드는 역할이 여성의 본분임을 미덕으로 알던 시대였음에도 불구하고 예수님은 마르다의 요청을 거절하는 것을 볼 수 있다. 그리고 예수님이 마르다에게 이르시기를 "너는 많은 일에 마음을 쓰며 걱정하지만 실상 필요한 것은 한 가지뿐이다."(누가 10:42)이라고 말씀하신다. 그 한 가지일이란 무엇인가? 김관석목사(1979 평화를 찾아서 219-226)는 이를 '자신의 본래성'이라고 말하고 있다. 여기서 '자신의 본래성'이란 비교·경쟁관계에서 나올 수밖에 없는 질투심을 이겨낸 마음을(고린토 전서 13:14) 말하는 것이다. 자신의 본래성을 찾고 자신에게 주어진 하나님의 소명이 무엇인지를 깨닫는 것이라고 한다.

우리는 생활 속에서 두 가지 역할 앞에 놓여 있다고 할 수 있다. 하나는 고되고 힘든 역할일 뿐 전혀 화려하지도 않고 남이 알아주지도 않는 역할이다. 다른 하나는 화려하고 남에게 돋보이며 이목이 집중되는 역할이다. 누구든 자신의 역할이 모든 이에게 각광받는 것이었으면 한다. 더구나 지금까지 자신은 '선택'되었다고 믿고 있는 사람에게는 더욱 그럴 것이다. 이것이 현실적으로 그렇지 못할 때 상실감, 패배감 따위를 갖게 되는 것 같다. 이것을 사울의 일생에 적용시켜 볼 수 있을 것이다. 사울이 한편으로 사무엘로부터 거부되고 다른 한편으로 다윗에게 모든 이들의 관심이 집중될 때 '자신의 본래성'을 상실하게 되고 갈등과 번민 속에서 최후를 맞게 되었다고 할 수 있다. 그것은 하나님이 주신 '자신의 본래성'을 잃어버렸기 때문이며 하나님의 뜻을 현실의 효과로만 계산하는 현실주의적 믿음 때문이라고 할 수 있을 것이다.

- 1994년. 제3기여신도지도자교육과정 졸업논문, 기독교 장로회 여신도회전국연합회여신도교육원 발행

건축에 있어서 시간성

김기삼

사람의 삶이란 시간을 떠나서는 성립되지 않는다. 사람의 삶이란 곧 시간을 의미한다고 할 수 있다. 그런데 그 시간은 영겁을 생각하면 사람이 가진 시간이란 어쩌면 찰나에 불과하다. 어떤 의미에서는 이러한 찰나라는 한 순간이 사람들에게는 영겁의 의미를 가질 수 있다. 그리고 찰나가 쌓여 영겁이 된다고 할 수 있다. 찰나의 순간들이 모여 영겁의 시간이 되는 그 중심에 인류의 삶이 있고 그 인류의 삶의 중심에는 의·식·주가 있다. 의·식·주는 시간과 같이 존재하는 것이다. 그 가운데 주의 공간 즉, 건축이란 아마도 인류가 살아온 이래, 또한 앞으로 살아갈 때 가장 필수불가결한 것 중의 하나임은 두말할 나위가 없다. 주(건축)를 비롯해 인간이 만드는 여러 가지는 새로 생겼다 없어졌다 하는 시의성이 있지만 예외 없이 시간의 축을 따라 흐른다. 그 만큼 시간에 대한 개념은 건축에서 중요하다. 시간에 대한 개념이 강조되는 것은 상대적으로 만들기 쉽고 사라지기 쉬운 의와 식 기능에 비해 건축(주)이란 만드는데 힘도 많이 들고 또 훨씬 오래 살아남는다는 이유 때문이기도 하다. 더구나 건축이란 그 기능뿐만 아니라 인간의 존재를 표현하고 또 뛰어넘으려는 문화라는 부가적 가치 때문에 더하다. 말하자면 건축이란 한 시점에 만들어지지만 그 시점을 뛰어넘어 존재하려는 의지와 같은 욕망을 항상 안고 있는 것이다.

건축과 관련하여 시간은 절대적 물리적 개념보다는 상대적 심리적 개념으로 이해하는 것이 보편적이다. 그러므로 건축에서 보는 시간성은 역사적 측면에서 많이 보고 있다. 이러한 역사와 장소성에 관심을 갖게 된 계기는 모더니즘이 물질위주로 전개된 것과 관련된다. 모더니즘이 물질주의로 흐르면서 정신이 소외된 즉, 인간이 가진 정신이 소외된 건축의 문제점이 발생했던 것이다. 그러나 모던 건축이 이러한 인간의 정신이 소외되는 인간소외의 문제를 극복하지 못함에 따라 인간의 실존에 대한 위기의식을 불러옴으로서 역사와 장소성에 대한 관심이 대두하게 되었던 것이다.

이러한 배경에서 현대건축에서는 시간개념을 과거와 공존하는 건축으로 나아갔다. 그래서 과거와의 공존의 필요성을 느끼면서 과거와 연속된, 과거의 것을 살리고자하는 경향이 나타나기 시작하였다(박여주, 현대건축에 나타난 과거와의 연속성 표현양식에 관한 연구, 홍익대 대학원, 1999, 23). 이렇게 과거와의 연속성을 표현하는 양상은 여러 차원에서 가능한데 이를 정리하면 다음과 같다. 첫째, 시간의 투명성의 반영이다. 시간적 차이를 극복하여 동시적으로 지각 가능하게 하며 상호 침투적인 성격으로 이해한다. 그리하여 시간적으로 투명하게 융합된 형태로 과거와 현재 속에 축적되어 사용자의 마음 속에 연속체로서 자리 잡게 되는 것이다. 둘째, 이미지의 축적은 시간의 흐름에 따라 이미지를 축적해 가면서 변증법적으로 전체를 형성하여 시간의 연속성을 이루는 것이다. 기억 속에 남아있는 과거의 영상들인 이미지가 하나하나 쌓이면서 하나의 총체를 형성하는 것이다. 셋째, 과거의 시간과 현재의 시간을 혼합적으로 표현한다. 과거를 재해석하기 위한 시간적인 요소들을 조정하여 통합적으로 표현하는 것을 의미한다. 혼성적인 조합으로 이루어지는 개별적인 요소들은 시적 감흥을 불러일으켜 건축의 담론을 형성한다. 넷째, 지층의 발굴이다. 시간이 흐르면서 쌓여진 지층을 고고학적으로 발굴하여 그 속성을 드러냄으로써 과거와의 연속성을 위한 시간적인 문맥을 잇는 것이다. 다섯째, 집단적 기억의 반영이다. 과거에 대하여 이미 집단적으로 인식되어 저장된 이미지는 과거에 대한 공간적 시간적인 체험으로 기억되어 나타나는 것이다. 사용자는 지각과 동시에 지각에 내재된 기억이 드러남으로써 경험적으로 과거와의 연속성을 느끼게 된다(Ibid. 78-79).

우리는 누구나 시간의 제약 속에 살아가고 있다. 현재의 행위란 어차피 현재라는 제약 속에서 이루어지기 때문이다. 따라서 현재라는 현실을 이루고 있는 상황에 대한 의식은 긴요하다. 더욱이 현재가 없다면 미래도 과거도 없고 또 아무 의미도 없다. 그래서 시간은 현재의 연속이라는 말도, 시간은 흐르기 때문에 어떤 현재도 없고 오직 과거와 미래만 있을 뿐이라는 말도 모두 성립이 된다. 시간이 현재의 연속이든 아니면 흐르는 시간에서 현재는 없다고 하든 현실적으로 사람이 현재에만 매달린다면 시간에 따른 존재의 의미가 없다. 따라서 사람은 시간의 연속성을 추구한다. 마치 자식을 낳아 존재의 흔적을 남기며 어떤 영속성을 기대하고 신앙을 통해 자신의 한계를 초월해 보려 하듯이 자신이 없을 미래 또한 자신이 없었던 과거와의 사이에 어떤 연결고리를 갖고자하는 것은 사람의 깊은 욕구이다. 시간성의 흐름은 인간이 만드는 온갖 종류의 문화가 깊이 성숙하기 위해서 꼭 인식될 필요가 있고 건축에 있어 중요한 의미를 갖고 있다.

1. 역사적 시간성

건축은 역사를 공간화 하는 예술이다. 도시적이거나 가정적이거나 공적이거나 사적이거나 건축은 역사에 있어서 가시적인 형태를 제공해 준다. 건축은 단지 과거를 기억하기 위해서뿐만 아니라 또 다른 가능성들에 질문을 던지고 그려보며 생각하고 상상하기 위해 창조를 필요로 하는 비가시적인 역동이며 이름 붙일 수 없는 리얼리티에 관련된 지속적인 행위이다. 그런 차원에서 건축을 한 시대의 문화라 했을 때 건축은 그 문화권 속에서 독특하게 형성된 의미체계와 해석형식을 가진다. 우리는 과거를 이해하고 분석 평가 즉, 과거를 해석한다. 그것은 현재에서 나아가 미래를 위한 것이며 역사행위가 된다. 과거해석이란 시간적 공간적 거리를 극복하고 해석자가 해석대상을 이해하는 일이다. 다시 말해서 외적이며 생소하고 멀리 떨어져 있는 무엇 혹은 어떤 경험이 익숙해지고 현재화 되어 이해에 이르는 것을 뜻한다.

역사는 궁극적으로 과거를 텍스트 삼아 과거를 이해하고자 하는 활동이다. 텍스트로서 과거는 과거 그 자체가 아니라 과거 사실의 기록으로서 과거의 흔적이다. 그러나 텍스트로서 과거의 건물(text)은 시간적 공간을 둘러싼 맥락(context)이 바뀌기 때문에 과거의 건물을 과거 그 자체라 말할 수 없다. 텍스트와 해석자는 과거와 현재라는 시간적 거리로 단절되어 있지만 각각의 맥락 속에 존재한다는 사실이다(강혁, 텍스트로서 과거건축과 건축사 해석에 대하여, 〈건축역사연구〉, 한국건축역사연구학회, 1992, 255-266).

건축이 들어설 땅의 역사·문화적인 맥락을 파악치 않을 경우 생명력이 없는 건축을 하게 만든다. 그럼으로 대부분의 역사적 가치나 의미를 지닌 건물, 장소 들이 오래되었거나 헐기 아까운 점이 있는 건물 등은 대체적으로 흔적을 남겨두고 역사적 유물지로 깔끔하고 단아한 기념비적 조형물로 전시 한다. 이러한 작업은 그 장소의 역사적 단절을 언급하는 것이 아니라 이곳에서 나타나는 시간의 적층 또는 시간의 흔적을 현실화하거나 인간의 의지로 만들어진 건물의 벽에 세월이 조각하고 그곳에서 살았던 사람들의 손때가 묻은 그 표면들에서 삶의 실체를 읽을 수 있는 장소로서 존재하기를 바라는 의미로써 역사 문화적 연결성을 이야기 하는 것이다.

역사 문화적인 맥락에서 건축이란 옛것을 새것으로 전혀 다르게 치환하는 건축을 하는 것이 아니라 기존의 건축에 무언가 더 보탠 것과 같은 건축으로서의 합 즉, 형태적인 변환을 한 정-반-합 적인 차원에서의 건축을 말한다. 이러한 역사 문화적 연결을 강조하는 싱켈과 같은 건축접근방식을 두고 우리는 그 도시, 장소가 지니고 있는 정신을 살린 건축이라고 한다. 이것은 바로 건축사의 수용을 뜻하며 그 땅이 지니는 역사성의 인정을 뜻하는 것이다. 이것은 건축과 역사와 문화와 건물이 들어설 땅을 하나로 묶는 작업을 뜻한다. 주어진 상황 속에서 그 정-반이 되는 내용을 찾아내어 합의 경지로 올리는 것이 건축가가 하여야 할 참다운 과제라는 것이다. 올바른 건축역사의 이해를 바탕으로 당대의 건축가는 어떤 새로운 건축이 가능한가에 대한 묵시적 암시를 읽어내야 하고 거기에 재도전을 해야 하는 것이다(이상해, 건축가의 역사문화 인식, 〈플러스〉, 92 08). 이것이 건축역사 속에 건축실체들을 골라내어 그 건축 아이디어들을 자신의 건축에 새로운 이미지로 창출해 낼 수 있는 힘이 되는 것이다. 여기에는 역사적 흔적이 있는 장소에 내재해 있는 시간이 하나하나 쌓여서 이루어진 어떤 지층이라고 하는 것과 쌓여있는 물질 속에 담겨있는 물질이 아닌 정신적인 것도 포함된다(우신구, 공간 · 시간 · 인간, 〈건축과 환경〉, 98 09).

2. 과거의 흔적 - Palimpsest

흔적이란 과거에 있었던 것이 지금은 없는 것이나 현재에도 자취가 남아있는 것이다. 즉, 흔적이란 말에는 과거에서 현재의 시간적 이동의 의미와 있었다는 자취의 공간이 함축되어 있다. 흔적은 우리의 과거에 대한 기억에 기대고 있다. 우리는 과거의 그곳에 있었던 기억을 가지고 있다. 또한 그것이 지금의 시점에서는 부재하기에 우리는 그 부재한 것에 대한 향수를 지니고 있다. 그 흔적은 향수를 불러와 현존하게 하려는 에너지로 발전할 수 있다(정현아, 역사적 장소와 재해석에 관련한 팔림프세스트 건축에 관한 연구, 홍익대 대학원 석사논문, 1998).

팔림프세스트란 지워진 텍스트의 흔적위에 새로운 텍스트가 겹쳐진 표면을 뜻한다. 과거의 텍스트가 완전히 지워지지 않고 그 흔적이 남아 새로운 텍스트와 상호 연관을 갖는다는 것이다. 즉, 팔림프세스트는 지워져 없는 것이지만 현재 있었음의 자취가 남아있는 것이다(James Strike, 〈Architecture in Conservation〉, Routledge London, 1994, 48). 팔림프세스트와 관련하여 사이트(site)를 살펴볼 필요가 있다.

팔림프세스트가 과거의 흔적으로서 고정된 자취인데 비해 사이트(site)는 고정된 것이 아니라 과거에서 미래로의 시간적 변동 과정을 의미 한다. 문화를 한 시대의 산물로 파악하고자 할 때 그 시대의 문화인 건축은 마치 지층의 한 켜(layer)와 비유될 수 있다. 한 켜와 또 다른 켜가 쌓일 때 그 지층은 역사의 기록이 된다. 그것은 전쟁이나 화재, 도시재개발 등의 사건으로 인하여 불연속일 수 있으며 뒤

틀려 단층이 일어날 수도 있다. 그러나 이 과거 흔적의 장소는 성장하는 도시에서 정지된 과거의 것으로 남아 도시 조직으로부터 유리된 흔적이지만 현재의 상황에 맞게끔 덧씀으로 재조직 될 수 있는 것이다. 이때 과거의 원래의 층위에 여러 층이 겹쳐져서 장소의 시간적 context가 만들어 진다. 시간적 컨텍스트 즉, 흔적이 과거에서 현재로의 시간적 이동을 함축하고 있기에 이것을 시간적 컨텍스트로 말할 수 있는 것이다. 우리는 흔히 컨텍스트를 말할 때 장소와 관련해서만 해석하곤 하는데 도시가 역사를 가지면서 장소의 컨텍스트는 시간적 개념을 수반하게 되는 것이다.

시간이란 축에 인간의 삶에 있어서의 사건들이 생기면서 주거의 공간들인 건물들이 변형되고, 소실되어 흔적이 되고, 버려져 폐허가 되듯 시간이 흘러 유적이 된다. 그 유적은 특정 시점에서 다시 발굴되어 현재의 덧쓰는 부분과 변증법적으로 관계하여 변형된다. 그럼으로 역사적 흔적을 발굴한다는 것은 기억을 모으고 무의식을 끌어내는 작업이다(이광래, 〈해체주의란 무엇인가〉, 교보문고, 1984,34). 벤츄리(Robert Venturi)는 건축에서 흔적의 요소란 그것들을 용법이나 표현을 바꿈으로써 원래의 의미와 동시에 새로운 의미도 소유하게 된다고 한다. 이른바 흔적의 요소는 '변형'과 '새로움'이라는 이중으로 기능하는 요소라고 할 수 있다. 그것은 연상 작용에 환기되는 많건 적건 간의 애매한 낡은 의미와 구조, 또는 프로그램의 변형, 또는 새로운 기능과 새로운 컨텍스트에서 생기는 새로운 의미와의 조합결과이다. 흔적이란 요소는 이렇듯 의미의 명쾌성을 결여하지만 그 대신 의미의 풍부함을 가져다 준다. 예컨대, 그것은 기능상 새로운 용어가 적용되어 사용되고 있는 낡은 건물이라든가 새로운 방법과 새로운 스케일의 움직임을 낡은 도로망에 적용한 예 등이 그것이다. 넓은 의미의 개조에서 볼 수 있듯이 거리의 성장과 변화를 가져오는 배경이 되는 것이라고 한다(Robert Venturi 임창복 역, 〈건축의 복합성과 대립성〉, 기문당, 1995, 49-50).

역사는 하나의 사건이며 사건 그 자체로서 존재의 의미가 있다. 이를 건축에 적용하면, 건 축이란 그 건물로 하여금 그 장소에 대한 기억을 되찾는 과정을 통해서 그 건축의 존재의미를 갖게 되는 것이다. 다시 말하면, 그 땅이라는 그 장소에 대한 정신을 발견해 냈을 때 가치 있는 건축으로 남게 되는 것이며 더 나아가 우리의 감성과 얼이 스며들어 있을 때 그곳의 흔적은 시간이 축적되면서 마침내 역사와 문화를 인식하게 하는 곳으로 전환되는 것이다(우경국, 흔적지우기와 기억 되찾기, 〈플러스〉, 9602, 62). 과거에 존재했음으로써 역사 문화의 가치를 인식하게 하는 흔적은 지금은 없는 것에 대한 향수를 지니고 있다. 그 흔적은 향수를 불러와 기억하게 하면서 에너지를 끌어낼 수 있고 그것으로 인하여 많은 이벤트를 생성 할 수 있다.

3. 시대의 변화

끊임없이 새로움을 추구하는 사람들 - 첨단, 혁신, 변화, 변신, 브랜드-뉴(brand-new), 트랜드 - 이 현대라는 시간 속에서 새로움이라는 그 시간성을 어떻게 건축에 반영할 수 있겠는가?

시대가 흐를수록 전통이란 새로움을 추구하는 사람들에 의해 사라져가게 된다. 조상에 대한 외면과 서로간의 깊은 갈등과 날로 이기적인 인간이 되어가는 이 시점에 과연 이러한 전통의 시대모습을 수용해야 하는가? 현대에 있어서 전통과의 급격한 결별은 건축과 도시에 영향을 미치고 풍수 같은 전통적인 개념 혹은 의식은 현재라는 시간 속에서 무슨 가치가 있을지 의문을 발생시키게 된다. 그러나 그 의문이 현대에 있어서 전통이란 가치가 없다거나 혹은 전통에 무지해서 지금의 건축이 서양보다 더한 서양식 건물이라는 역사도 문화도 정신도 찾아볼 수 없는 유령과 같은 건축의 문을 열어 놓아서는 않될 것이다.

하지만, 한편 시간의 제약성은 누구나 피해갈 수 없기 마련이다. 사람의 행위는 어차피 현재라는 제약 속에서 하기 마련이므로 현재라는 현실을 이루고 있는 상황에 대한 인식은 긴요하다. 더욱이 현재가 없다면 미래도 과거도 아무 의미가 없다. 그래서 어떤 면에서 시간은 현재의 연속이라는 말도, 또는 시간은 흐르기 때문에 어떤 현재도 없고 오직 과거와 미래만 있을 뿐이라는 말 모두 성립한다. 현재라는 시점만을 강조하게 되면 오히려 과거와 미래를 모두 잃어버리게 될 수 있다는 것이다. 다시 말하면 시간이 갖고 있는 역사성을 놓치게 된다는 것이다. 사람은 자식을 낳아 현재를 근거로 미래로 존재의 흔적을 남긴다. 건축 또한 현재라는 시점에서 지난날의 흔적을 찾고 동시에 새로운 건축공간으로 나아가 이용되는 것이다. 이렇듯 건축공간에서의 영속성의 이미지를 구현하는 것은 건축에 있어서 항상 중요한 과제의 하나였다. 그럼으로 옛것과 새것, 영원함과 찰나성을 기묘하게 이어주는 건축적 대화 는 오래된 도시환경에서 새로운 건축물들이 미래에 어떤 모습을 띠게 될 것인지를 보여주게 되는 것이다.

역사적 전통을 기억하고 이를 현대라는 시점에서 건축이 반영하는 것은 지난날의 역사적 전통을 단지 흔적으로만 남기지 않고 그 속에서 역동성의 의미를 찾고 발견하여 이를 이벤트라는 형식을 통해 지난날의 우리 조상들이 살아왔던 슬기를 복원하여 전통과 문화에 대한 인식을 새롭게 하는 것이다. 이것은 과거라는 시간을 변화시키는 것이다. 변화가 없는 연속성은 무기력을 의미할 뿐이며 결국 퇴락일 뿐이다. 반면, 연속성을 갖지 않는 변형은 분열과 무정형이다(김진애 공역, 〈Anywise시리즈〉, 현대건축출판사, 1997).

건축에 있어서 시간개념은 이제 자연스럽게 받아들여지고 있다. 시대가 변화함에 따라 오늘날의 건축에 있어서 복원과 증축은 이제 지극히 당연한 것이다. 여기서 복원과 증축을 재생(resuscitate)이라는 의미로 이해할 수 있는데 재생이란 도시와 역사와 전통성의 보존이라는 사회적 문화적 관점에서 뿐 아니라 경제적인 이유에서도 그 필요성이 두드러지고 있다. 계획 방법론적 입장에서 재생유형은 유지(keep)와 변화(change)로 요약 될 수 있다(대한건축학회, 재생에 관한 특집, 〈건축〉, 9507). 따라서 건축의 복원에 있어서 과거의 흔적과 덧 씌워지는 Palimpsest로서의 건축은 불완전한 텍스트(건축)로서 둘 다 독립적 자율적으로는 존재할 수 없고 상호 연관성 내에서 파악해야 하는 것이다.

- 2001년 경기대 대학원 건축학 석사학위논문 「시간성의 개념을 통한 이벤트공간의 계획」 중 인문학적 이야기부분을 발췌

Part 4

억지로 혹은 좋아서 그러나 즐겁게

Part 4. '억지로 혹은 좋아서 그러나 즐겁게'는 논어의 옹야편에서 가져왔다. '억지로'는 원문이 지(知)인데 물론 정확한 해석은 아니다. 원문은 知之者不如好之者 好之者不如樂之者(지지자불여호지자 호지자불여낙지자)이다. 이 책의 마무리 부분으로서 산다는 것이 '즐거워야 함' 을 말하고 싶었다.

2015년 5월 10일 평창에서 시아버지 칠순 행사 후
찍은 큰 딸의 가족사진

2016년 5월 4일 태영이의 돌 때 촬영한
작은 딸의 가족사진

평범한 행복

김웅락

아내와 나는 결혼 후 자식을 낳으면 평범하게 키우고 우리도 평범하게 살자고 했다. 욕심 많이 내지 않고 현실에 만족하며 살수 있다면 그것이 평범하고 행복한 삶이 아닌가하는 생각을 하면서이다. 평범이란 행복하게 살자는 의미로 한 약속이었는데 시간이 지나면서 여러 가지 생각이 들기 시작했다. 무엇이 행복인가, 어떻게 사는 것이 행복인가 따위이다. 지극히 주관적인 가치문제라는 생각이 들지만 과연 그럴 수 있을까하는 의문이 들기 시작했다. 의문은 사회경제적인 것 그리고 심리적 정신적인 것들이다. '가난해도 행복할 수 있을까. 내 옆집은 저런데 나의 이런 모습에 스스로 당당하거나 담담할 수 있을까. 만일 당당하고 담담하다면 그것이 진심일까 허세 아닐까.' 하는 이 생각 저 생각이 들었다. 사실 이런 생각은 별 의미

없는 것일 수 있다. 왜냐하면 억지로 평범하자고 해서 평범할 수 있는 것은 아닐 것이기 때문이다. 말하자면 외면할 수 없는 어떤 상황에서 그 일에 관여하게 되었을 때 대박이 나거나 그 반대가 될 수도 있을 것이다. 혹은 능력이 남달라서 평범의 수준을 넘을 수도 있을 것이다.

어쨌든 삶이란 한편으로는 현실에 맞서기도 하고, 다른 한편으로는 이일 저 일에 부닥치기도 하면서 사는 것이다. 그 과정에서 과욕을 부리지 않고 부당한 일을 꾀하거나 관여하지 않는 것이 평범하게 살자는 뜻이라고 할 수 있다. 그렇게 생각하면 평범이란 사람의 욕구와 밀접하게 관련되어 있다. 욕구를 다스릴 수 있는 마음의 힘이 필요하고도 중요할 것 같다. 그렇다면 과욕이 아니고 부당한 일을 통해서가 아닌 경우라면 적극적으로 자신의 욕구를 충족하려는 행동에 대해서는 문제될 것이 없지 않을까. 그것이 경제적 부를 말하든 사회적 성공을 뜻하든 긍정적으로 볼 수 있다고 할 것이다.

그래서 지금 '너의 삶이 평범하고 행복하냐'고 묻는다면 나는 '그렇다'고, 평범한 행복에 가깝다고 말할 수 있을 것 같다. 두 딸은 내가 말한 그러한 평범한 집안의 아들들과 결혼해서 각각 두 자녀를 낳고 내가 말해온 것과 비슷한 가치관에서 잘 기르며 잘 살고 있다.

평범과 행복 그리고 사람들의 욕구 이런 단어들은 사실 생활에 있어서 상식적이고 매우 일상적인 어휘일 것이다. 그럼에도 일상적이고 상식적인 것들을 삶의 목표처럼 추구해온 젊은 시절 나의 그 생각이 잘한 것인지 모르겠다. 좀 더 포부를 크게 갖고 적극적으로 살았다면 지금보다 훨씬 여유 있지 않았을까하는 마음이 들기도 한다는 것이다. 그래서 이제 그때의 생각을 넘어서서 그러나 평범과 행복이라는 문제의식은 유지하면서 이 기회에 다시 한번 음미해 보려고 한다. 우선 현실과는 조금 동떨어진 그러나 현실이 될지도 모를 그런 생각부터 해보자. 예를 들면, 과욕이라고 할 수 없고 부당하다고 할 수 없는 희망사항이 이루어져 결과적으로 부를 가져오거나 직위를 얻게 되었을 때 유별나지 않고 평범하고 행복하게 산다면 그것은 어떻게 사는 것을 말할까? 평범과의 관계는 무엇이겠는가. 평범과의 관계는 이웃(다른 사람)과의 관계에서 찾아야 할 것이라고 본다. 이웃들과의 대화가 여전하고 말이 잘 통하면서 서로의 관계에 막힘이 없다면 나는 그것이 평범함을 갖춘 것이라고 생각한다. 결국 평범하게 산다는 것은 어떤 경우가 되었든 '그들만의 유별난 이웃'이 아닌 그저 그런 이웃과의 관계가 안정적이고 지속될 수 있어야 한다는 것이다. 그럴 수 있는 제도, 그런 사회가 좋은 제도이고 좋은 사회가 될 것임이 분명하다. 그러니 평범한 삶을 소극적이고 은둔적인 삶으로 한정시켜 말할 필요는 없다. 오히려 적극적이고 실질적인 삶을 통해서 이웃과 함께 해서 모두가 좀 더 나은 곳을 지향하는 것에 진정한 의미가 있다고 하겠다.

사람은 스스로 생각하고 스스로 행동하는 주체적이고 능동적인 존재라고 할 수 있다. 그리고 그 생각과 행동은 어떤 계기가 있을 때 하게 된다. 마치 배가 고플 때 무엇을 먹어야겠다는 생각이 들면서 부엌에서 음식을 만들거나 아니면 식당에 가서 음식을 사먹게 되는 것과 같다. 생각과 행동으로 나가기 위해서는 배고픔이라는 계기가 필요하다는 것이다. 이 계기는 사람이 저마다 처해있는 상황 혹은 조건에 따라서 다르다고 할 수 있는데 특별히 조건이나 상황을 고려하지 않는다면 부족할 때 즉, 결핍(욕구)(need)을 느낄 때이다. 결핍이란 부족하여 충족시키고 싶은 내면의 요구라고 할 수 있다. 사람에게는 결핍 혹은 욕구라고 하는 자신의 내부의 부름 같은 것이 있다. 사람은 이러한 내면의 부름에 따라서 행동하는 존재이므로 주체적이고 능동적일 수 있다. 그 생각과 행동은 사람의 성향에 따라서 적극적이고 때로는 도전적이기까지 할 것이다.

사람이 살아가면서 겪게 되는 문제는 이러한 결핍(욕구)을 해결하는 혹은 다스리는 과정에서 발생한다고 할 수 있다. 일찍이 동양의 현자는 결핍의 다스림을 마음의 다스림과 같은 위치에 놓고 수양과 수련을 해왔다고 하겠다. 예를 들면 지나치게 결핍(욕구)을 느끼는 것을 평상심을 잃은 마음 또는 집착과 같은 것으로 여기고 이를 경계하고 있다. 수양과 수련을 통해 마음을 다스리는 노력은 곧, 지나친 결핍의 마음에서 벗어나는 것이다. 그래서 결핍에 대해 족한 줄을 아는 것을 높은 가치로 여기는 것 같다. 노자는 "족한 줄을 알면 욕을 당하지 않고 위태롭지 않다." (知足不辱 知止不殆)고 함으로써 결핍의 해소 곧, 결핍의 충족을 말하기보다 먼저 만족할 줄 알아야 한다는 것이다. 자제의 중요함을 일깨우는 것이다.

성경은 사람은 "흙에서 왔으니 흙으로 돌아가리라"(전도서 3:20) 고 말한다. 하나님이 흙으로 사람을 빚은 것임으로 결국 흙으로 돌아가리라는 것이다. 흙으로 돌아가는 것은 모든 생명체가 벗어날 수 없는 운명이다. "흙으로 돌아가리라"라는 성경의 말씀은 인생의 허무를 말하려는 것이 아니다. 오히려 즐거움을 느끼며 살아야 함을 일깨우는 지혜의 말이다(전도서 3:22). 전도자가 말하는 즐거움은 쾌락과 같은 것이 아니다. 그는 쾌락이야말로 허무를 부른다고 한다. 잔잔한 기쁨을 즐거움이라고 할 수 있을 것이다. 그런데 잔잔한 기쁨은 아무런 욕구가 없는 상태에서 느낄 수 있는 것일까? 잘 모르겠다. 그러나 현실에 있어서 지나친 결핍 상태에 있을 때 즐거움을 느끼기는 어려울 것 같다. 꼭 그렇지는 않겠지만 이정도면 만족한다. 라고 생각이 들면 즐거움을 느낄 수 있지 않을까. 즐겁게 살기 위해서는 어느 정도에서 만족할 필요가 있다. 그러나 만족이란 결코 간단하지 않다. 사람들이 족한 줄 알며 산다면 이 세상은 미움도 싸움도 없는 세상이 될 것이다. 누구나 그런 세상이 되어야 함을 부정하지 않을 것이므로 그런 세상을 위해 이제 모두 지금의 처지에서 만족하자고 한다면 모두 동의할 것인가? 현실은 전혀 그렇지 않을 것이며 전혀 그럴 수 없을 것이다. 그렇다면 평범한 행복 혹은 평범한 즐거움이란 무엇일까? 지금까지 적당한 수준('어느 정도'라는 표현을 했지만)의 만족을 말했지만 사실 막연할 뿐이다. '적당한 수준'에 대해 이해할 수 없고 혹 적당히(?) 이해 할 수 있다 해도 그 정도에서 '만족' 할 수 있을 것인가? 욕구의 만족에 대해 상식적이고 일반적으로 말하기는 힘들 것 같다. 너무나 다양하고 편차가 크고 넓기 때문이다.

젊은 세대와 늙은 세대는 여러모로 구별될 수 있을 것 같다. 예를 들면, 해를 볼 때 젊은이들은 떠오르는 해를 보며 아름다움을 느낀다면 늙은 세대는 오히려 저녁노을에 더 아름다움을 느낄 수 있지 않을까. 내 생각에 '평범한 즐거움' 혹은 '평범한 행복'이란 노을의 아름다움과 노을을 보는 즐거움과 같은 것이 아닐까 싶다. 그 곳에서는 결핍이니 욕구의 만족이니 하는 것은 어느덧 보이지 않을 것이다. 그러니 지금 말하는 '행복'이나 '즐거움'은 이성적으로 구별하고 찾기 보다는 감성적 혹은 경험적으로 느끼는 것이 아니겠는가. 어쨌든 한창 젊은이들에게 '평범한 즐거움'을 말하는 것은 적절치 않을 성 싶다. 그들에게는 '찬란한' 태양과 인생의 '환희'에 대해 말하는 것이 더 중요하고 의미가 클 수 있겠기에 그렇다. 나도 그때는 '평범한 행복'을 넘어 그런 희망을 갖고 살았음을 솔직히 인정한다.

- 2016년 4월

기차 타고 손주를 돌보러 다니다

진형란

핸드폰에서 카톡 카톡 소리가 난다. "나 방과 후 돌보미 구했어" "4시부터 8시"하고 작은 딸로부터 카톡이 왔다. 돌보미 구했다는 소리에 왠지 눈물이 핑 돌았다. 너무 힘이 들어 마음먹은 일을 끝까지 하지 못하게 된 나 자신에 대한 무력감, 딸에 대한 미안함, 손주를 남의 손에 맡기게 된 섭섭함 등으로 나도 모르게 눈물이 났던 것이다.

둘째 딸은 직장에 나간다. 남편은 여자도 사회생활 해야 한다며 적극적으로 나에게 애기 봐줘야한다는 말에 이 엄청난 일을 시작하게 되었다. 그렇게 해서 시작한일이 햇수로 4년이 되어간다. 큰 녀석 형준이가 태어나면서 산후 조리부터 시작하여 웬만큼 키운다고 했더니 둘째 태영이가 태어났고 산후조리하고 다음 달이면 돌이 된다. 아기들의 방긋 방긋 웃는 모습 또 조금씩 조금씩 크는 모습에 할아버지 할머니들은 경탄할 때가 많다. 사실은 내가 우리 자식 키울 때는 모르고 지나갔거나 무심히 넘겼을 모습에 지금 나는 감격하고 놀라와 한다. 그래서 나는 대전 서울을 오르락 내리락 해도 힘든 줄 몰랐고 교통비 들어가는 것도 아까워할 줄 몰랐으리라. 처음 형준이를 보기 시작했을 때는 이미 큰 딸의 두 아이를 돌봐주었었는데도 모두 잊었는지 전혀 새롭게 느껴지고 그렇게 이쁠 수가 없다.

혼자 하루 종일 애기 보며 울면 왜 울지 아프면 어떡하지 하고 지낸다. 그런데 나 같은 할머니가 혼자 애기보기에는 적지않은 문제가 있다. 가까운데 병원도 없고 마땅히 애기 데리고 나갈 곳도 없는 지역이라서 여러모로 불편하고 힘들다는 것이다. 그래서 큰 딸네 집 가까운 곳으로 이사를 하게 되었고 우연히 한 아파트 같은 동위 아래층에 살게 되었다. 대부분 이 얘기를 하면 한 아파트에서 딸들과 재미있고 힘들지 않겠다고 한다. 그럴꺼다. 그렇지만 매일 큰 딸 아이들 두 녀석 남윤과 남호 작은 딸네 두 녀석 형준과 태영이가 있을 때는 북적 북적대고 정신이 하나도 없다. 큰딸이 도와주지만 애기 키운다는 것은 참 힘든 일인가 보다. 작년부터 힘이 빠져 기운을 못 차리곤 했다. 안되겠다 싶어 태영이를 돌까지만 봐 주겠다고 말했고 딸은 거기에 맞춰 돌보미 선생님을 구한 것이다. 나는 큰 딸 애들과도 가끔 산수놀이도 하며 톡톡히 할머니의 기쁨을 누린다.

이렇게 정신없이 지내는 동안 남편은 작년에 정년퇴직을 했다. 삼십 여 년 전 대전의 대학교수가 되어 서울에서 대전으로 이사 올

때가 엊그제 같았는데, 정년퇴직이란 말은 남의 집 얘기 같았는데 우리한테 홀연히 다가왔다는 느낌이다. 나는 정년퇴직한 남편이 겪었을 여러 가지 복잡한 심경들을 챙겨주지 못했다. 아직까지 나갈데도 많고 운동도 좋아하고 강의도 하니 그전과 달라진 것이 없다고 생각하면서 그랬다. 내가 조금만 생각해도 그건 아닌것 같은데 말이다. 내가 둔해서 일 것이다. 처음 대전에 왔을 때의 젊음이 주었던 활력으로 가르치고 연구하던 생활들에서 느꼈을 보람과 희열, 그리고 초로의 노인이 되어 그런 것들을 모두 뒤로한 채 떠나올때……, 혼자서……, 미안하다. 남편에 대해, 남편의 생활에 대해 막연히 알뿐이었다는 생각이 들면서 미안한 마음이 더 해 간다.

방마다 책으로 쌓여있다. 남편과 평생같이 해온 책들이다. 저 책들과 씨름하며 학문의 세계를 구축했고 학생들을 가르쳤을 것이다. 남편에 대한 미안함과 존중의 마음으로 나는 이 책들이 있는 방을 좋아한다. 언젠가 손주 녀석 중에 이 서재의 책들을 읽을 녀석이 있었으면 좋겠다. 할아버지를 닮아 책을 좋아하고 더욱 바람이 있다면 같은 학문의 세계를 탐구하는 손주가 나왔으면 좋겠다.

남편은 작년에 정년퇴직하고 나는 손주를 돌봐주면서 우리는 지금 이 자리에 있고 하나님께 감사드린다. 우리를 결혼하게 해주셔서 아내의 자리를 두 딸을 주셔서 엄마의 자리를 또 좋은 사위들을 주셔서 장모의 자리 손주들을 주셔서 할머니의 자리까지 허락하신 하나님께 감사드린다. 애기보면서 할머니 노릇을 실컷했으니 이제는 멀리서 보려한다. 다 놓은것 같아 섭섭하지만 결코 아니다. 친구의 어머니가 애기하셨던 것처럼 "자식들은 풍경이다"를 떠올리며 하나하나 공들여 아름다운 풍경을 그릴란다. 하나하나 공 들리려니 참으로 앞으로 할 일이 많다.

- 2016년 4월

이모의 조카사랑

김경희

2013년 첫 친조카인 형준이가 태어났다. 못생기고 빨간 얼굴을 갖고 힘차게 울고 있었다. 사랑하는 동생의 아들이기에 무조건적으로 반갑고 소중하고 이뻤다. 하지만 그 마음이 조금은 아니 아주 많이 가볍고 추상적 이였음을 두 번째 조카 태영이가 태어나면서 절실히 느끼게 되었다. 그것은 내가 친정 엄마를 도와 두 조카를 돌보게 되면서 느끼게 되었던 것이다. 형준이가 태어나고 첫 봄이 되는 3월에 내가 사는 같은 아파트로 동생네 식구는 이사를 왔다. 친정 엄마 혼자 조카를 돌보기에는 벅차실 거라 생각하여 자신 있게 아주 적극적으로 동생부부를 설득하여 이사를 오게 하였다. 난 이미 결혼을 하였고 초등학생 1학년인 큰 아들과 6세인 둘째 아들이 있었고 아들 둘을 키워낸 알 수 없는 자신감에 사로잡혀 있었나 보다. 그래서 앞으로 더 많이 엄마의 손길이 필요한 나의 아이들까지도 다 돌볼 수 있을 거라 장담하였다. 그리고 결혼이후 항상 그리운 친정엄마와 매일매일 함께할 수 있으니 이보다 더 좋을 순 없었다. 형준이는 유독 친정아빠와 친정 엄마를 잘 따랐다. 형준이가 할아버지, 할머니라 부르는 목소리에서 무한한 신뢰감을 느낄 정도였다. 그 아이의 부름은 할아버지가 딴 일을 하시다가도 팽개치고 달려오실 만치 마력이 있었다.

하지만 오직 친정부모님만 따르고 이모에게는 잘 오지 않는 형준이는 어려운 조카였다. 형준이를 그렇게 이뻐하는 이모를 멀게 느끼게끔 했던 이유는 아마도 형준이가 어린이집을 가면서일 것이다. 바로 내가 형준이를 어린이집에 데려다 주기 때문이다. 아침마다 자신을 낯선 어린이집으로 데리고 가는 이모가 참 미웠을 거다. 그 맘을 너무나 잘 알기에 형준이가 이모를 불러주기 전에 내가 먼저 형준이에게 다가가기로 마음먹었다. 우리아이들에게도 스킨십이 적은 무뚝뚝한 이모인데 형준이에게 매일매일 스킨십을 하였다. 안아주고 사랑한다고 말해주었다. 그러던 어느 날 불현듯 형준이에게 하는 이런 행동이 형준이가 태어났을 때 가졌던 사랑스럽다는 그 마음의 표현과 같을까하는 의구심이 들었던 것이다. 내 행동이 내가 말하는 사랑한다는 말에 못 미치고 있음을 깨닫는 순간이였다. 미안했다. 더욱더 잘 해주어야겠다고 생각 했다. 노력하는 내 마음을 알아챈 듯 어린이집을 떼쓰지 않고 들어서는 형준이에게 안아주며 고맙다고 했다. 형준이가 끄덕거리는 모습이 내 마음을 아는 듯하여 눈물이 핑 돌았다. 그렇게 우린 맘을 나눈 것 같이 친해 졌다. 여전히 아침마다 "이모는 집으로 다시가"라고 소리치지만 그 소리가 싫지 않다. 그렇게 형준이는 동생을 태어나면서 힘든 시간을 잘 이겨내고 있는 듯하다.

태영이는 형준이와 다르게 활동적인 아이이다. 처음부터 날 보며 웃고 내 품에서 잘 잠들었다. 요놈은 활동이 많아 형준이때 보다 몸은 힘들었지만 태어나자마자 돌보아서 그런 것인지 아님 날 보며 웃으며 잠들어서 그런건지 이쁘고도 이쁘다.

나는 내 아이들 둘의 숙제를 확인하고 검사하고 학원 보내고 매일매일 다른 스케줄을 확인하며 움직이고 하는 것이 힘들어 밤에 녹초가 되어 잠이 든다. 그리고 3년 동안 손자들을 돌보신 친정엄마의 건강에 적신호가 켜지고 나는 둘째 아들이 초등학교 입학으로 바빠지면서 조카들이 버거워지기 시작했다. 초등학교 3학년과 1학년은 엄마의 손길이 많이 필요한 시기이다. 그렇다고 건강이 안 좋으신 친정엄마에게 조카들을 다 떠넘길 수도 없었다. 내가 다 할 수 있다고 큰소리를 칠 수도 없는 상황이기에 친정엄마에게도 동생에게도 너무나도 미안했다. 얼마 전 조금은 이기적이고 냉정하지만 동생에게 조카들을 돌보기 힘들다고 단호히 말하였다. 섭섭한 표정이 역력했지만 동생이 받아들였다. 그 순간에도 그 이후에도 백 번, 천 번 넘게 잘 한 것인지, 잘 말 한 것인지 생각하고 또 생각하였다. 하지만 나도 엄마인지라 내 자식이 먼저일 수밖에 없는 것이 당연한 것이었다. 미안하지만 어쩔 수 없다고 그렇게 나는 말하고 있지만 그러면서도 내 마음 깊은 곳에서는 아직도 갈등이 멈추지 않는 이유는 왜일까?

생각보다 빠르게 동생은 베이비시터를 구하였다. 다행이 베이비시터는 아이들과 잘 놀아주고 가르치는 경력 있는 좋은 사람인 것 같다. 태영이는 15분만에 내가 없어도 조금은 불안해 하지만 베이비시터와 같이 있을 수 있었다. 이제 태영이도 어린이집에 가게 되면 나는 낮 시간에 조카를 돌볼 일이 완전히 없어지는 것이다. 낮 시간이 지나고 베이비시터가 가고 동생이 돌아왔을 때 동생네 집으로 갔다. 태영이가 엉금엉금 기어서 나에게 폭 안겼다. 이모에게는 이쁘다, 귀엽다는 말을 잘 하지 않는 형준이가 대뜸 이모! 귀여워요! 라고 말했다. 순간 마음이 너무나 무겁고 아프고 걸린다. 나의 아이들과 두 조카를 두고 선택을 하게 된 이런 상황이 나의 마음을 답답하게 만들고 있다. 마치 엄마가 좋아 아빠가 좋아 말해보라는 심술궂은 질문을 받은 아이처럼 마음이 울상이 돼 버렸다. 이미 나에게 조카는 나의 자녀와 같이 되어 모성애와 같은 이모성애(?)가 자리잡은 것 같다. 동네를 돌다 보면 이웃들이 항상 언제까지 조카들을 돌보아야 하느냐고 물어본다. 그럼 난 동생과 제부가 일을 하니 할 수 없다고 수동적인 자세를 보이며 힘들어 했다. 하지만 이제는 이모성애가 웃으며 다시 말한다. 계속 돌볼 거라고.

- 2016년 4월

특별한 가족? 사랑이 있는 가족!

김명희

어렸을 때부터 주변 친구들에게 너희 가족은 '신기하다', 혹은 '특이하다' 이런 말을 종종 들었다. 보통은 커가면서 대화도 줄고, 함께 하는 시간이 점점 줄어든다고 하는데, 친구들이 보기에는 우리 가족은 대화도 많고 함께 하는 일이 많다는 것이다. 내가 생각해도 우리 가족은 조금은 특별한 것 같다. 지금도 모이기만 하면 서로 있었던 이야기를 하느라 시간 가는 줄 모르고, 무슨 특별한 일이 생기기라도 하면 온 가족이 출동하여 발 벗고 도움을 주곤 한다. 현재 육아와 일 때문에 누군가의 도움이 절실히 필요한 나를 위해 온 가족이 물심양면으로 도와주는 것만 해도 우리 가족의 특별함을 알 수 있다.

나의 기억으론 우리가족이 더욱더 특별해지기 시작한 건 95년도 미국 Ames에 있었을 때부터인 것 같다. 95~96년도는 우리가족이 미국이란 나라에서 새로운 도전을 하게 된 해이기도 했지만, 코오롱 아파트 경매와 매각이란 큰 사건을 겪은 힘든 한 해였다. 말도 안 통하는 낯 선 땅에서 그 동안 부모님이 일궈낸 집이 하루아침에 사라지게 되었고 그 충격은 엄마, 아빠에겐 감당하긴 힘든 일이었을 것이다. 하지만, 당시 14살이었던 나는 매일 밤, 아빠, 엄마 머리맡에서 잠들기 전까지 수다를 떨면서 나누었던 이야기들, 그리고 한국의 일들을 전해 들으면서 웃고 울었던 그 시간들이 너무나 소중한 시간이었고 행복한 순간이었다.

만약 한국에서 살고 있으면서 집이 경매에 넘어가는걸 지켜보았다면, 어린 나에겐 큰 충격이었을 것이다. 하지만 먼 나라에서 아빠 엄마를 통해 전해 듣고, 이야기를 나눔으로써 우리가족은 잘 헤쳐나갈 것이라는 희망과 믿음이 생겼고, 그리고 유연하게 그 상황들을 잘 넘겼던 것 같다. 그 해는 충격적이고 힘든 한 해였지만, 아빠 엄마의 머리맡에서의 시간들은 내 기억에는 가장 행복했던 시간 중에 한 부분이었다.

한국에 돌아온 후에도 예전처럼은 아니었지만, 우린 여전히 대화하는 시간을 많이 가졌던 것 같다. 그리고 그런 과정을 통해서 사춘기 그리고 성인이 되었을 때 겪는, 흔히 티브이에서 나오는 부모와 자식의 갈등이 거의 없이 계속 지금까지도 수다스러운 가족으로 지내오는 것 같다.

또한 가족의 대화하는 시간들이 서로를 잘 알고 이해하는데, 도움이 많이 된 것 같다. 아빠 엄마는 어렸을 때부터 항상 우리를 잘 알고 있었던 것 같다. 우리가 뭘 좋아하고, 원하고, 싫어하는지를 나 자신보다 더 잘 알고 계시는 것 같았다. 그래서 항상 고민이 있어서 아빠엄마에게 털어놓을 때면 내가 무엇을 망설이는지를 정확히 아셨고, 명쾌한 조언을 항상 해주셨었다. 나는 예전엔 누군가의 엄마가 되면 내 자식이니 당연히 자식에 대해서 너무나도 잘 알겠지 라는 막연한 생각을 하였다. 하지만 두 아이의 엄마가 된 지금, 그것이 얼마나 많은 사랑과 세심한 관심이 필요한지, 얼마나 어려운 일인지 알게 되었다. 나아가 남편과 두 아이에게 내가 부모님에 대해 가지고 있는 믿음, 희망, 사랑과 같은 마음을 가질 수 있도록 서로 교감하고 소통하는 시간을 매일매일 가지도록 노력해야겠다고 다짐하였다.

몇 년 전 아빠의 서재에서 좀 특별한 책을 발견하였다. 기억나는 건 책 표지가 보통의 시중에서 파는 책보다 단순하고, 어떻게 보면 조금은 촌스러운 책이었다. 책 안에는 엄마 나이 정도의 사람이 젊었을 때부터 60이 넘은 현재의 모습까지의 사진이 여러 장이 있었고, 가족구성원들이 그분에 관해 쓴 글이 있는 책이었던 것 같다.

아빠에게 물어보니, 아빠 지인이 부인의 환갑기념으로 발간한 책이고(내 기억으론), 아빠가 퇴직하는 해에 엄마에 관한 책을 만들고 싶으셔서 참고 삼아 가지고 계신다고 하셨다. 사실 그 당시 나에겐 아빠의 은퇴가 아주 먼 이야기였고, 낯 간지럽게 무슨 그런 책이야 하는 생각에 대수롭지 않게 흘려 들었다. 그리고 그 동안 엄마는 환갑을 지내었고 아빠는 은퇴를 했다. 나는 결혼을 하였고 두 아이의 엄마가 되었다. 몇 달 전 아빠로부터 가족 책을 만들 거라는 말을 듣고,

몇 년 전일을 생각하면서 역시 우리 아빠 엄마다 라고 생각했다. 정말이지 아빠 엄마는 허투루 그냥 하는 말이 없으신 듯 하다. 우리 가족에 대한 아빠 엄마의 사랑이 우리 가족을 조금은 특별하고 단단한 가족을 만든 것 같다.

이 글을 쓰면서 며칠을 어떻게, 뭘 써야 할지 고민 했는지 모른다. 항상 내 옆에 있는 나의 일부분에 대해서 글을 쓰는 건 참으로 어렵다는 걸 새삼 깨달으면서, 못쓰는 글이지만 이렇게 몇 자를 적을 수 있게, 그리고 이런 저런 생각을 할 수 있는 기회를 만들어주신 아빠 엄마께 감사하다는 말을 꼭 하고 싶다.

- 2016년 5월

믿음의 공동체에 첫발을 딛고

김기삼

우선 이 지점에 오기까지 줄곧 동행해주신 금경엽 집사님에게 고마움을 전합니다. 새신자 양육기간이 일 년 이상 걸린다고 늘 불만이었던 저를 이해해 주시고, 바쁜 중에도 많은 시간을 내어 토론해 주시고, 불만을 말할 때도 어린 시절의 동내 형처럼 보듬어 주고 챙겨주시던 집사님께 고마움을 전합니다.

간증문을 어떻게 쓸 것인가 고민을 많이 했습니다. 양육과정의 교재로 쓰인 기본교재의 책 마지막 부분에 간증문 쓰기에 대해 자세히 나와 있었지만, 기본과정을 통해 기독교를 전하는 부분에 대해 배워왔지만, 아직도 종교에 대해 집사님과 같은 깊은 믿음이 아직 느껴지지 않는다는 점이 현실이고 따라서 간증문에 대해 고민을 안 할 수 없었습니다.

결국, 기독교에 대한 나의 생각과 종교적으로 기독교와 가까웠지만 교회 주변을 맴돌기만 했던 나의 지난시절에 대해 이야기해 보고자 마음을 굳혔습니다. 인간이 살아가면서 종교를 가진다는 것은 도덕적 삶을 살아가고자 하는 것과 일맥상통한다고 느껴집니다. 우리가 살아가는 세상은 사회라는 공동체의 울타리 안에서 법이라는 규칙과 윤리라는 도덕성과 그리고 종교라는 영적인 감성 이렇게 세 가지의 요소가 인간의 삶을 균형 잡히게 하고 그럼으로써 평안을 유지하고 더 윤택하게 살아가는 방법이라고 생각 됩니다.

어린 시절부터 주변에 많은 교회와 인연이 있었습니다. 그로인해 많은 친구들 또한 기독교인 이었습니다. 그러나 주변인들과 이야기를 나누면서 기독교인과 좀 더 밀접해지지 못했던 점이 전통적 유교의 제사 때문이었던 것 같습니다. 기독교에서는 제사지내는 것을 좋게 보지 않는다는 점 때문입니다. 심한 경우는 제사를 지내서는 안되는 것으로 금기시함으로서 기독교와는 오히려 더 큰 벽이 만들어졌던 것 같습니다. 하지만 요즘 세상을 살아가면서 느끼는 점은 스님과 신부, 목사님이 다 같이 모여 사회적 종교적 행사를 열기도 하고 화합하는 모습을 자주보다 보니 종교적 벽이 사라져가고 있다는 점에 그런 부담은 줄어들어 참 다행으로 여기게 됩니다. 그런 사회적 분위기에 덧붙여 처가댁의 적극적인 권유로 기독교를 다시 접하게 되었습니다.

처음에는 주말마다 교회에 가는 것이 망설여졌지만 일 년이 지난 지금은 주일에 교회에 참석하지 못하면 설교 말씀을 듣지 못해 다음

주가 불안 할 것 같은 생각이 드는 것이 크나큰 변화라고 생각됩니다. 제가 이 교회를 다니게 되면서 느낀 변화는

첫째, 매 주마다 교회에 참석을 하게 되면서 목사님의 설교말씀이 기독교의 원론적인 이야기가 아니라 현실에서 일어나는 우리들의 모습을 성경책을 통해 투영시켜줌으로 한 주간 나의 잘못된 모습을 반성할 수 있는 계기를 만들어 주었습니다.

둘째, 소모임의 활성화로 친구를 만나고 동생을 만나고 형을 만나듯, 직장생활의 답답한 관계를 벗어나 포근하고 따뜻한 만남의 소모임이 좋았습니다.

셋째, 회사에서 잃어버린 나의 자아를 다시 찾게 되고 나의 존재를 다시금 일깨우는 계기를 주신 교회입니다.

어느 곳에서든 선한목자교회를 다니는 교인이라면 주변에서 참 좋은 교회공동체라는 큰 뜻에 일조 할 수 있는 교인이 되도록 노력하겠습니다. 다 같이 웃음으로 살아갈 수 있는 공동체가 되고 그런 세상이 되었으면 합니다.

- 이 글은 2013년 1월 27일 새신자 교육이 끝난 후 교회에 제출한 글임

흙수저 현상과 삶에 대한 고찰

김성우

나는 특별히 대단한 사람이 되고 싶다는 생각이 없었고 현재도 없다.

그저 최선을 다하는 삶까지는 아니더라도 성실히 생활을 하면 내 가족 밥 굶지 않고 어느 정도의 여가생활을 누리며 최소한의 노후자금까지는 마련 할 수 있을 거라 생각한다.

어찌 보면 고도 성장기에서 "하면 된다."는 긍정을 경험한 기성세대와, 노력만으로는 "해도 안 된다."는 체념과 조소를 경험하고 있는 현재 청년 세대의 중간에 나 같은 70, 80년대생들이 있는 듯하다. 부모님 세대보다는 개천에서 용 나기어려워졌지만 "한 번 해보자."는 희망을 포기 할 정도로 노력의 가치가 떨어지지는 않은 약간의 과도기적인 시대를 살고 있는 듯하다.

하지만 막연하게 이런 생각을 했던 적은 있다. 고등학교 때 공부를 열심히 해봐야지 라고 결심했던 동기는 여러 가지가 있지만, 그 중 한 가지는 계층 이동의 욕심이었다.

그 때는 흙수저, 금수저라는 말은 없었지만 개천에서 용 나는 시대가 저물고 있음을 직감적으로 알 수 있었다. 물론 부모님의 계층을 폄하하려는 것이 아니라, 단지 좀 더 물질적으로 풍족한 삶을 살아보면 어떨까라는 막연한 동경이 있었던 것이다. 내 세대 때 경제적인 부를 일정 수준 올려놓지 않으면, 내 다음 세대 이후에는 경제 수준의 비약적 증가가 불가능에 가까울 정도로 어렵지 않을까 생각했기 때문이다.

물론 현재 사회생활을 하고 있는 이 순간 내 경제적 수준이 높다고 할 수도 없고, 어렸을 때 생각했던 두리뭉실한 물욕을 충족시키고 싶지도 않아 노력하지도 않았다. 계층 이동의 욕심을 포기한 실질적인 이유는 현재 내 생활에 충분히 만족하고 있기 때문이다.

흔히 할아버지 때부터 부자면 태어날 때 금수저를 물고 태어난 것이고, 후천적 노력으로 경제적 계층 이동은 점점 더 어려워지는 상황을 희화화한 것이 금수저 현상이라고 생각한다.

현재 대한민국 대기업 집단을 보면 금수저 현상은 극명해진다. 6,70년대 국가주도형 경제 개발계획에 따라 재벌들에게 특혜를 주었고, 그런 특혜를 바탕으로 성장한 대기업이라는 집단은 2000년 이후 신규 등록 또는 등록 취소 된 예가 거의 없다. 그리고 대기업 총수의 친인척들의 금수저 자리를 만들기 위해 골목 상권까지도 점점 대기업 가맹점으로 바뀌어 가고 있는게 현실이다.

지금에 와서 벤처기업, Start-up 기업을 육성하겠다는 정책을 편다 하더라도 그 정책이 결실을 맺기 위해서는 최소 한 세대 이상은 지나야 될 것 같다.그리고 최저 임금 인상이나 청년 실업률 저감 등의 경제 정책이 개선되어 흙수저라는 용어가 사라지기를 기대해 보지만 이 역시 시간이 필요해 보인다.

흙수저라는 신조어를 만들 정도로 삶이 각박한 청년 세대에게 미안한 마음이 들고, 어떻게든 위로해 주고 싶다. 조금이나마 더 나은 사회를 만들어 주지 못한 선배로서 너희들도 나처럼 인생을 바라보라는 이야기는 차마 할 수 없다. 다만 내 가족들은 내가 바라보는 인생관은 이렇구나라고 알아주길 바라는 마음에 글을 쓴다.

첫 째는 인생의 주인의식을 가졌으면 또는 심어줬으면 한다. 나는 어렸을 때부터 공부하라는 강요가 크지 않았다. 물론 막내여서 그랬던 것도 있지만, 공부 하는 것이 나를 위해 하는 것이지, 부모님을 위해 억지로 하는 거라는 생각을 심어주지 않으시기 위한 부모님의 교육 철학 때문이었으리라. 어렸을 때 친구들이 받아쓰기 100점, 수학 만점을 받으면 부모님이 선물을 사주는 경우를 보고, 나도 부모님을 졸라봤지만 돌아온 대답은 "공부를 엄마나 아빠 때문에 하니?"였던 것 같다. 그리고 본격적으로 공부를 열심히 해야지 라고 결심한 것도 내 스스로의 결정이었다. 고등학교 2학년 때 거울을 보며 무얼 하고 살지 곰곰이 생각을 해보았으나, 하고 싶은 일이 없었다. 운동선수처럼 체육을 잘하지는 못하고, 음악, 미술은 항상 미 이하 성적이었다. 그렇다고 연예인처럼 잘생기거나 주위의 관심을 끄는 웃기는 재주가 있지도 못했다. 그래서 적성, 재능을 지금 찾지는 못하겠으니 일단 공부라도 열심히 해 대학교에 들어간 후 생각하기로 마음을 먹고 공부에 매진했다.

대학교를 졸업할 때까지 공부를 하며 괴롭고 지루했던 시간들이 대부분이었지만, 가끔은 흥미롭고 심지어 재미있을 때도 있었다. 그리고 내가 열심히 공부하기로 결정한 것인 만큼 알 수 없는 책임감도 있었던 것 같다. 하지만 대학교를 졸업할 때까지도 적성이나 재능을 찾을 수는 없었다. 단지 이것 보다는 저걸 하고 싶다는 선택 상황의 호 불호는 생겨난 것 같다. 그에 따라 현재 회사에 들어와 10년간 맡은 업무를 충실히 수행하려 노력하고 있다. 회사의 주인은 아니지만, 내가 주인이라면 어떻게 생각할까라는 고민과 함께 말이다.

사족이지만, 타의적으로 공부, 진로, 업무 등에 대해 지속적으로 강요당하고 질책 받다보면, 단기적으로는 성과가 보이는 듯하지만, 장기적으로는 흥미와 해야 되는 당위성의 끈을 놓아버리는 경우가 종종 보이기도 한다.

둘째는 남과 비교하는 삶을 살지 않았으면 좋겠다. 물론 타인과 교류를 하며 살 수 밖에 없는 공동체에서 혼자 독야청청 사는 것은 불가능하고, 또한 사회적 도덕, 규범 등을 익히고 지키기 위해서는 타인들의 행동의 규칙성을 배워야 하기 때문에 비교를 하지 않을 수는 없다. 하지만 내가 이야기 하고 싶은 '비교'는 성적, 소득, 재산, 배우자 직업 등 한국 사회에서 선호되는 정량적인 것들에 대한 비교이다.

한국 중산층의 기준인 연소득 몇 천만원 이상, 자산 몇 억원 이상, 아파트 몇 평 이상 같은 물질적 기준이 나와 남을 판단하는 잣대가 되지 않았으면 한다.

천성적으로 소심해서 어렸을 때 선생님이 3시 30분이 그려진 시계를 가리키며 몇 시 몇 분 인지 아냐고 물었을 때, 내가 손을 들고 대답하려 할 아이도 아니었고 지적당해 답을 하게 되었을 때, 나는 "세시 반이요."라고 대답했다. 그 때 선생님은 "흣! 세시 반도 맞지만, 세시 삼십분이 정답이지." 라고 말씀 하셨고, 나는 그 이야기에도 내가 남들보다 못 하구나 하며 자존감을 깎아 나갔다. 또한 누나나 형과 나를 비교하면 피아노, 미술, 공부, 심지어 오락까지도 내가 잘 하는게 없는 것 같아 의기소침했던 적도 많다. 결정적이었던 것은 중학교 때 작은 키, 못 생긴 얼굴 등 외모 콤플렉스라는 것을 처음 느꼈는데, 다른 것들은 차치하고라도 심한 곱슬머리에 대한 자격지심이 심했다. 심한 고수머리, 머리숱이 적은 머리, 나이에 맞지 않은 심한 새치머리라도 좋으니 곱슬머리랑 바꾸고 싶었다. 인위적으로 할 수 없는 일이라는 것을 알면서도 비교하는 것을 쉽게 포기하기 어려웠다. 어느 정도 시간이 흐른 후 나에겐 비교라는 것이 긍정적 효과보다 나의 자존감을 낮추는 쪽으로 작용하는 것을 깨닫고, 가급적 비교를 하지 않는 쪽으로 나를 바꿔 나갔다.

내가 상처받기 싫은 방어기제도 작용한 듯하다. 대신 내가 할 수 있는 것으로 눈을 돌려 갔고, 비교 대상의 부러움이 과연 나에게 정말 필요한 것인가라는 자문을 하는 등 상황을 좀 더 현실적으로 마주하였다.

그러다보니 대학교에 입학 했을 때, 엄청나게 큰 지역적, 경제적, 학문적 차이를 처음 경험함에 따른 충격도 그다지 충격적이지 않았고 이내 잘 적응할 수 있었다. 그리고 이것, 저것을 다 비교해 볼 시간도 없었지만 비교에 대한 내성이 생겨 갔다.

그 내성은 다름에 대한 인정이었다. 그 인정이 금수저에 대한 패배의식은 아니니다. 다만 내가 살아가며 정말 좋아하며 필요로 하는 것이 무엇이지에 대한 근원적 탐색이었다.

주인의식을 가지는 과정이기도 한 비교하지 않는 삶을 재차 강조하는 것은 내가 경험한 과정인 비교를 통한 자존감 하락 말고도, 비교로 인해 더욱 좋지 않은 결과를 가져 올 수도 있다고 생각하기 때문이다. 그것은 비교를 통한 잘못된 자기 우월감이다.

근래에 종종 발생하는 대기업 오너가의 갑질 행세들이 정형화 된 예이다.

그 분들이야 자타공인 금수저니 제외 하더라도, 임대 아파트 아이들이 자신이 사는 아파트 단지 놀이터에서 놀지 못하게 민원을 제기하는 사람들, 장애인 시설이 자기 동네에 들어오지 못하게 단체 행동을 하는 주민들 등 계급의 무한 미분으로 자산들의 잘못된 우월감을 표현하고자 하는 사람들이 넘쳐나는 근원이 바로 잘못된 비교에 있다고 생각한다.

마지막으로는 상식있는 사람이 되었으면 한다. '상식'이란 사람들이 보통 알고 있거나 알아야 하는 지식이라 정의되어 있다. 내가 생각하는 상식은 나만의 욕심만을 내세우지 않고, 역지사지의 정신으로 타인과 공존할 수 있는 방법이다.

요즘같이 텍스트의 홍수에서 살다보면 한 쪽으로 편중 된 정보에만 노출되어 생각과 사상의 균형이 깨질 수 있다. 이에 인류 사상의 근원이 되는 인문학이라는 저울의 도움이 필요하다. 나 역시 바쁘다는 핑계로 책을 읽는 빈도가 줄었지만, 틈틈이 인문학 서적을 탐독하여 수시로 저울을 검교정 해줘야 한다.

그리고 공감능력을 잃지 말아야 한다. 타인의 아픔에 함께 눈물 흘리고, 타인의 기쁨에 함께 즐거워하는 사람의 당연한 감정을 유지해야 한다. 세월호 희생자 가족을 시체팔이로 묘사하는 사람들처럼 괴물이 되지는 말아야겠다.

그리고 주인의식을 가지라는게 천상천하 유아독존을 말하는 것은 아니다. 의지할 수 있는 스승과 경쟁자가 아닌 진정한 친구의 조언을 귀담아 들은 후, 최종 결정을 본인이 내리고 본인이 책임진다는 것이다. 그러기 위한 진정한 스승, 친구를 찾아라. 그리고 의지할 수 있는 스승은 반드시 현시대 사람이 아니어도 좋다. 알베르 까뮈, 프란츠 카프카 여도 좋다.

- 2016년 4월

추모의 글

김웅락

사랑하는 장인어른! 이제 저희 곁을 떠나 영면에 드시는 순간입니다. 저희들은 옷깃을 여미고 이별의 인사를 올립니다.

어느 시인은 "세상에 소풍놀이 왔다가 이제 하늘로 돌아가리"라고 죽음을 읊었는데 그 시인의 말을 따르면 장인께서도 세상에서 소풍놀이 하시다가 이제 하늘나라로 가시는 것입니다. 장인어른의 소풍놀이는 어떠했습니까? 사랑하는 작은 아들을 먼저 하늘나라로 보내고 겪으셨을 아픔을 생각하면 이 세상에서의 소풍놀이는 그렇게 아름답지 않았을 것으로 생각이 됩니다. 장인어른은 기쁨과 즐거움 아픔과 슬픔을 거의 드러내지 않고 평생을 지내오신 것으로 기억됩니다.

제가 겪은 장인어른은 말씀이 별로 없는 분이십니다. 집에서는 눈짓이 거의 전부였고 입 밖으로는 말을 잘 내지 않으셨습니다. 어떤 날 국제통화라도 할 때에는 무슨 말을 어떻게 해야 할지 표현을 할 줄 모르는 분 같았지요. 겉으로만 보면 감정의 변화나 감정의 교류가 없는 분 같이 보일 수 있지요. 그러나 장인어른이 생활하시던 작은 아파트의 베란다에 가꾸어 놓으신 여러 종류의 선인장을 보면 꽃을 좋아하시는 감성적인 분이심을 알 수 있습니다. 화려하지 않은 선인장 꽃이 일주일 사이로 피고 지고를 반복하는 것을 보면서 장인어른은 선인장 꽃이 화려하지 않은 모습으로 피어나고 소리없이 지듯이 자신의 기쁨과 아픔을 꽃과 함께 읊조리지 않으셨을까하는 생각을 하게 됩니다. 시심이란 생명체를 소중히 여기고 이 생명체와 교류하는 장인어른과 그렇게 멀리 있는 것은 아닐 것이기 때문입니다.

장인어른은 아마 10년은 더 되었을 것 같은데 치매예방하신다면서 '수토쿠'를 즐기셨습니다. '수토쿠'는 말이 없는 사람에게는 제격의 놀이라는 생각이 듭니다. '수토쿠'를 하실 때는 시간가는 줄 모르고 손에서 떼지 않고 있으셨지요. 딸과 사위가 오랜만에 미국에 왔는데도 '수토쿠'에 대한 재미는 늘 한결같아 딸과 사위에게 문제를 풀어보라고도 하셨지요. 장인의 '수토쿠'실력은 대단해서 주변의 누구도 비교할 수 없을 정도였습니다. 여러 가지 놀이가 있지만 숫자놀이에 열중하신 것은 치매예방도 예방이지만 아마도 수학에 대한 자부심 때문이 아니었나 생각됩니다. 저는 뵐 수 없었던 할아버지 진연근 선생님은 평양 오산 중학교의 수학 선생님이시었는데 그런 재능을 이어받아 장인어른도 수학을 잘하셨고 그것이 집안의 전통이 되어 수학을 못하면 매우 엄하게 꾸짖으셨다고 생전의 할머니로부터 들었습니다.

실제로 장인어른은 수학자 아닌 수학자이시었습니다. 수학에 대한 저의 편견일 수도 있는데 정인어른은 수학자의 치밀하고 꼼꼼한 성격이셨습니다. 여기에 더하여 피난하여 월남한 분들의 특징으로 보이는 외로움과 고향에 대한 그리움 그리고 40년대 50년대의 엄혹한 세월의 풍광 속에서 외아들로서 스스로 책임지고 행동하지 않으면 안되는 벼랑 끝에선 사람과 같은 절박함이 하나의 성품으로 형성되지 않았나 생각됩니다.

그런데 이렇게 치밀하고 꼼꼼함과 벼랑 끝에 선 사람 같은 절박함의 심정으로 생활한다는 것은 불가분 가족 간의 불화를 가져오는 요인이기도 하였다고 봅니다. 대부분의 사람들은 사회생활에서 자신의 성격대로 혹은 자신의 뜻대로 행동할 수 없는 것을 집에서는 자신의 뜻대로 하려는 성향을 드러낸다고 합니다. 그런 경우처럼 장인어른도 집에서 가족들의 태도가 치밀하고 꼼꼼한 성격에 미치지 못하면 너무나 엄하여 자녀들에게는 아버지가 무서움의 대상이 되었는가 하면 아내에게는 집안의 모든 불편함과 자녀와의 갈등을 해결하고 덮어주길 기대하셨습니다.

그러나 가정에서와 달리 이러한 과묵하고 치밀한 성품은 관제국(지금의 국세청)의 청렴한 공직자라는 이름을 남기셨고 정확하고 분명한 공무원이셨습니다.

사랑하는 장인어른! 장인어른은 자신의 그 까탈스러운 성품 때문에 아들 딸들이 얼마나 가슴조리고 불편한 청년시절을 보낸지를 알고 계셨을 것입니다. 이에 대해서는 설명이 불가능한 어쩌면 시대가 만든 것이었다고 생각됩니다. 말씀이 별로 없으셨던것도 그런 이유가 아니었나 싶습니다. 더욱이 15년전 사랑하는 작은 아들을 졸지에 잃게 되었을 때 아예 말을 잊어버리셨겠지요. 그 가슴 미어지는 현실 앞에서 어찌 말을 하고 살 수 있었겠습니까? 사랑하는 장인어른! 그러니까 제가 생각키로는 말씀을 하실 줄 모르는 것이 아니라 말씀을 안하신 것이지요. 원래 할 말이 너무 많은 경우 한마디도 할 수 없지 않습니까?

장인어른! 이제 먼저 하늘나라로 가신 그리운 어머니, 아버지 그리고 사랑하는 작은 아들을 만나시고 그동안의 많은 얘기들을 나누시면서 평안을 누리시기 빕니다. 일전에 말씀드린 로마서 8장 31절 이하의 말씀처럼 "하나님의 사랑 안에서는 죽음도 떼어 놓을 수 없다"는 말씀을 우리는 굳게 믿고 있습니다.

마지막까지 걱정하신 사랑하는 아내, 몸이 불편하신 장모님은 걱정 안하셔도 될 것입니다. 남아있는 아들과 딸들이 잘 돌보아 드릴 것입니다. 모든 것을 내려놓으시고 하나님 나라에서 영원한 안식을 누리십시오. 사랑합니다. 우리 모두가.

- 2013년 10월 14일 영결예배에서

노년에 드리는 기도

자비로우신 하나님 아버지 감사합니다. 저희에게 생명을 주셔서 이 땅에 태어나게 하시고 노년에 이르기까지 저희들을 돌보아 주시는 하나님을 찬양합니다.

제 몸이 쇠약할 때에 저를 버리지 마옵소서. 오히려 주의 은혜를 알아 언제나 만족하게 하시고 늙을 때에도 열매를 맺게 하옵소서.

백발이 성성할 때에도 의의 길로 나아가게 하옵소서. 노망이 들어 어리석은 행동을 하지 않도록 저의 마음을 지켜주시옵소서. 오래 끄는 질병에 걸려 참기 어려운 고통을 당하지 않게 하옵소서. 제 몸이 쇠약해질 때에도 좌절하여 낙담하지 않게 하시고 인내로 고통을 이기며 아버지의 거룩한 뜻에 자신을 완전히 복종함으로 참아내게 하옵소서.

저희 영혼 속에 모든 지각이 뛰어난 하나님의 평강을 주사 인생의 모든 풍랑 속에서도 마음의 평온을 유지하게 하옵소서. 저희 후손들을 믿음으로 이끄시어 주의 영광을 나타내게 하옵소서.

저의 생애에 마지막 순간이 다가올 때 죽음의 공포도 이기게 하시고 스테판처럼 하늘을 우러러 보는 가운데 천사들에게 받들려 주의 평안의 나라로 인도하여 주옵소서. 우리 주 예수 그리스도가 강림하실 때에 저의 온 영과 혼과 몸이 흠없이 보존되기를 원합니다.

예수님의 이름으로 기도 드리옵니다. 아멘.

- 故 진병진. 장인어른이 생전에 암송하시던 기도문

어진 사람은 오래 참고 오래 기다립니다

펴낸날 _ 2016년 5월 31일
지은이 _ 김웅락 (kimrack@dju.kr)
펴낸곳 _ 기획출판 오름
등록번호 _ 동구 제364-1999-000006호
등록일자 _ 1999년 2월 25일
주소 _ 대전광역시 동구 대전로 815번길 125 2층 (삼성동)
전화 _ 042.637.1486
팩스 _ 042.637.1288
E-mail_orumplus@hanmail.net

ISBN _ 978-89-90151-37-7

값 8,000원